农村孩子权益保护相关

U0493518

在中国传统里，孩子几乎是父母的财产，父母对孩子几乎有生杀的权力

“君叫臣死臣不得不死，父教子亡子不得不亡”

农村孩子合法权益保护读本

NONGCUN HAIZI HEFA QUANYI BAOHU DUBEN

朱 辉◎编著

CHILD

本文从农村传统因素、现代社会发展增添的新的因素出发，系统地分析了农村孩子权益受侵问题，并依据相关宪法法律，对如何保护农村孩子的权益给出了明确的指导。希望能引起社会更大的关注，促进农村孩子权益保护相关宪法法律的进一步落实。

中国社会科学出版社

图书在版编目（CIP）数据

农村孩子合法权益保护读本 / 朱辉编著 . —北京：中国社会科学出版社，2012.3

ISBN 978-7-5161-0630-3

Ⅰ. ①农… Ⅱ. ①朱… Ⅲ. ①农村—妇女儿童利益保护—基本知识—中国 Ⅳ. ① D923.8

中国版本图书馆 CIP 数据核字（2012）第 048362 号

策划编辑 卢小生(E-mail:georgelu@vip.sina.com)
责任编辑 王 斌
责任校对 李 莉
封面设计 栗兴雨
技术编辑 谢志荣

出版发行 中国社会科学出版社
社 址 北京鼓楼西大街甲158号 邮 编 100720
电 话 010-84029450（邮购）
网 址 http://www.csspw.cn
经 销 新华书店
印刷装订 北京市昌平新兴胶印厂
印 次 2017年5月第1版第2次印刷
开 本 710×1000 1/16
印 张 13
字 数 153千字 印 数 1—7000册
定 价 25.00元

凡购买中国社会科学出版社图书，如有质量问题请与本社发行部联系调换
版权所有 侵权必究

前　言

随着我国社会经济的发展，国家越来越重视对农村的建设，而对农村的建设又离不开对农村孩子的关注，因为他们不仅是农村建设的希望，也是祖国的未来，因此，要保护农村孩子的合法权益，让农村孩子健康快乐地成长。

1991年《中华人民共和国未成年人保护法》颁布以来，各级政府及有关部门认真贯彻实施，为保障未成年人权益做了大量的工作，建立健全了未成年人保护工作机构，为未成年人权益保障提供了重要的组织保障；加强了未成年人保护法制建设，不断完善有关政策措施，促使未成年人权益保障的法律落到实处。

近年来广泛开展农村宣传教育，努力营造有利于保障农村孩子合法权益的社会氛围；调动社会各方面力量，共同解决农村孩子生存和发展的重点、难点问题。经过努力，我国农村孩子在政治、经济、社会、家庭等各个领域的权利都得到了进一步实现，农村孩子权益保障事业取得了长足的进步。

但是，我们也要清楚地认识到，由于受经济发展水平的制约，我们还不能为农村孩子权益保障提供充足的物质基础，一些地方、部门对农村孩子权益保障工作仍然重视不够。特别是随着社会经济的发展，农村孩子合法权益保护领域出现了许多新情况、新问题，如农村留守儿童大量存在，数以万计的孩子沉迷网络，未成年人违法犯罪呈现低龄化趋势等。为更好地适应新形势下保护农村孩子健康成长的需要，各有关部门针对农村孩子权益保障面临的突出问题，对农村孩子保护法进行了全面关注，明确了农村孩子的权利，强化了政府、家庭、学校、社会的保护责任，着力优化农村孩子的成长环境，加强了社会保护和司法保护。

本书结合当前中国农村孩子的生活现状，从农村孩子的家庭保护、学校保护、社会保护、司法保护等方面出发，并结合具体案例，充分地诠释了怎样使农村孩子合法权益得到保护的问题。

关心农村孩子的成长，为他们的身心健康发展创造良好的条件和社会环境，把他们培养成有理想、有道德、有文化、有纪律的社会主义事业建设者和接班人，是党和国家义不容辞的责任，是开创国家更美好未来的战略工程。让我们积极行动起来，把农村孩子保护工作推向新阶段！

目　录

第一章　农村孩子的教育状况及享有权利 …… 1

第一节　农村孩子的教育状况 …… 1

第二节　未成年人享有的基本权利 …… 6

第三节　未成年人享有的特殊权利 …… 13

第二章　农村孩子的家庭保护 …… 17

第一节　监护人对未成年人的监护职责 …… 17

第二节　监护人对未成年人的抚养义务 …… 22

第三节　监护人对未成年子女的教育义务 …… 25

第四节　尊重孩子的继承权 …… 36

第三章　农村孩子的学校保护 …… 40

第一节　农村孩子有受教育权 …… 40

第二节　尊重爱护农村学生 …… 42

第三节　学校必须对学生进行心理辅导 …… 45

第四节　学校要保障学生安全 …… 48

第五节　确立打工子弟学校的合法地位 …… 51

第四章　农村孩子的社会保护 …… 53

第一节　社会保护的积极作用 …… 53

第二节 预防未成年人沉迷网络 …… 56
第三节 劳动就业保护 …… 60
第四节 积极建立救助机构 …… 61

第五章 农村孩子的司法保护 …… 64
第一节 预防农村孩子犯罪 …… 64
第二节 坚持教育、惩罚相结合的原则 …… 73
第三节 对未成年人的民事司法保护 …… 78
第四节 对未成年人的刑事司法保护 …… 83

第六章 农村孩子的自我保护 …… 87
第一节 增强孩子的自我保护意识 …… 87
第二节 增强孩子的法律意识 …… 91
第三节 增强孩子的权利意识 …… 92
第四节 增强孩子的安全意识 …… 94

第七章 “留守儿童”问题 …… 97
第一节 关注留守儿童的教育问题 …… 97
第二节 完善农村留守儿童监护体系 …… 100
第三节 从源头上减少“留守儿童”问题 …… 102

第八章 案例评析 …… 105

附 录 …… 148

参考文献 …… 200

第一章 农村孩子的教育状况及享有权利

农村教育是中国普及九年义务教育发展中的重中之重，但是还有许多人没有意识到这一点。为什么说普及九年义务教育的重点是农村教育呢？因为我国大量接受义务教育的适龄人口在农村，而农村经济发展比城市要慢得多，在教育方面发展的难度要更大，所以说普及九年义务教育发展的重点在农村。

未成年人作为我国历来高度重视并重点加以保护的特殊群体，除享有一般主体都享有的大多数权利外，国家还通过立法在不同的法律中赋予他们许多特殊的权利，旨在体现和落实对未成年人实行特殊保护的政策。

第一节　农村孩子的教育状况

俗话说得好，再穷不能穷教育，再苦不能苦孩子。孩子是祖国的花朵，是祖国的希望，是祖国的未来。我国有80%的居民生活在农村，那里的孩子同样是父母的命根子，是祖国的未来。据统计，全国大部分农村地区初高中毕业生中60%以上要回到农村，而农业地区和中西部地区这一比例更高，达到80%以上。这些学生大多返乡务农。但农村普通初中教育，尤其是课程设置、教材编写与农业生产经营、城乡经济发展实际需要相脱节，学到的基础文化课，就连基本的劳动技能也都解决不了，很多农村产业技术与经营管理存在问题。毕业后的农村青年不能尽快融入当地的经济建设中，造成农村劳动力的巨大浪费和盲目流动。

一、农村义务教育不容乐观

中共中央党校教授潘云良说："中国农村九年义务教育实在不容乐观。"据有关报道，2004年中共中央党校组织的"中国农村九年义务教育调查课题组"先后奔赴16个省、自治区、直辖市进行调查。调查发现，我国农村地区中小学生的辍学率出现了较大反弹，一些农村学校不惜采取造假的办法来完成普及九年义务教育任务。

有些人认为，农村中小学生辍学率上升，根源在于教育经费短缺，很多农村孩子读不起书；师资力量薄弱、教学条件简陋，农村的孩子读不好书。实际情况在一定程度上也的确如此。但是，除这些原因之外，还有一个被人们长期忽视的原因，如今很多农民即使供得起孩子上学也不愿意供，很多农村孩子即使上得起学也不愿意上，他们对于上学的积极性并不高，在一些欠发达地区的农村，这种积极性显得更低。

分析积极性不高的原因，供孩子上学花钱太多是一个方面，更重要的则是花了这么多钱，孩子不一定能考上大学。考不上大学的高中生，不管是回家务农还是出门打工，往往还不如那些不上学、上学少的孩子。在务实的农民看来，这么多钱几乎就是白花了；即使孩子考上了大学，四年的大学学费又是一笔不堪承受的负担。而最让农民感到失望的是，孩子考上了大学不等于有了"铁饭碗"，既不一定能升官发财，又不一定能光宗耀祖。要解决农村中小学生辍学率上升的问题，就必须改变农村基础教育的目标和任务，农村基础教育不应主要着眼于让多少农民子弟考上大学，往城里输送多少人才，而应主要着眼于提高农村人口的整体素质。

从这个角度上讲，解决农村义务教育问题，必须在加大教育经费投入力度的同时，对农村义务教育的目标、内容、形式、结构和布局进行全面改革。既要对农村孩子考大学起作用，又要对服务“三农”发展农村教育起作用，如此才能吸引更多的农民子弟入校读书，让农村义务教育走出一片新天地。

二、农村教育定位不准

现行农村教育的最大问题，是教育目标定位不准。长期以来，农村教育“克隆”城市普通教育的模式，这与农村的实际情况相去甚远，在国家实行高校全国统一招生考试制度下，由于在学校硬件、师资水平和资信等方面的天然劣势，农村学生大学入学率只有城市学生的十几分之一乃至几十分之一。农村教育其实是一个综合性的教育体系，在很大程度上影响着未来新型农民的综合素质。由于学科结构失衡，学生除了每天的文化课之外，德、智、体、美、劳得不到全面发展。一些学校和家长往往只关注优秀学生，忽视了大多数学生，导致大多数农村学生陷入“升学无望、就业无门”的尴尬境地。绝大多数的农村学生，苦读之后只能回乡务农。因为缺乏劳动技能，进城打工没门路，只好在家里闲着。毕业后的农村青年不能很快融入当地的经济活动中，造成农村劳动力的巨大浪费和盲目流动。

教育支出是农民最大的负担，很多家庭为此负债累累，从而陷入恶性循环。农村教育的办学方向不改变，这一现状就很难改变。但农村职业学校和继续教育受体制和农村产业化还不发达等多种条件的影响，还没有发展起来，导致“有校无生”的尴尬状况。

农村教育的目标功能定位不准主要体现在：相当部分的农村教育仍然把升学作为教育的主要目的，偏重于智育；在智育方面，也不是力图促成学生智力均衡、全面地发展，而是偏重于知识传授。几十年来，农村中小学教师一直无法走出这一应试教育的怪圈。究其原因，是一些区、县级教育行政管理部门在学年末，拿初中升学率，小学毕业年级会考优秀率、合格率，中小学非毕业年级凭调考成绩进行统一排位，排位的名次、学生成绩的好坏，直接关系到老师的晋级加薪。于是，老师们也就顾不上“千呼万唤始出来”的素质教育。一个县城的初级中学，学生大多住校，早晨天刚蒙蒙亮，起床号就吹响了，很早便开始了一天的学习，两节早自习过后，才吃早饭，而后开始一天的正式课程。直到晚上九点半两节晚自习后才结束一天的课程。从中我们能够看出我国农村教育的体制弊端所在。

三、农村孩子的思想道德教育跟不上

因为受传统教育的影响，家长一贯认为只要拥有了健康的身体和优秀的学习成绩的孩子就是一个优秀的孩子，将来也会做出一番有益于社会和国家的事业。而且由于当前主要以考试的方式来选拔人才，这对学生的科学文化知识的要求尤为突出，而对思想道德方面的考察则较少甚至没有。在广大农村，读书已是被众多家长认同和接受的一条走出农村、走出贫困的重要道路。有调查指出，在被调查家长中有大部分表示“很支持”孩子读书。所以，孩子的学习成绩受到家长的高度重视，但是对思想道德的要求则被忽视。此外，在被调查的家长中文化程度是“文盲”或“小学”的占大多数，这无疑使家长对子女的教育显得力不从心。因此，在调查中有超过80%的家长表示更重视孩子的学习成绩，而只有很少表示更重视孩子的思想道德教育。

随着我国政治、经济、社会的快速发展，越来越多的青壮年农民走入城市，在广大农村也随之产生了一个特殊的未成年人群体——农村留守儿童。农村留守儿童远离父母，在教育上，特别是思想道德教育上存在缺失。留守的少年儿童正处于成长发育的关键时期，他们无法享受到父母在思想认识及价值观念上的引导和帮助，成长中缺少了父母情感上的关注和呵护，极易产生认识、价值上的偏离和个性、心理发展的异常，一些人甚至会因此而走上犯罪道路。加强和改进未成年人思想道德教育绝不能忽视农村留守少年儿童这一特殊群体。在城市流动务工的父母，也绝不能只顾挣钱而忽视了对孩子的教育引导，为人父母无论多忙，都要抽点时间与孩子交流，切不可完全把对孩子的抚养权、教育权交给老人；同时要多与老人沟通，嘱咐老人不要溺爱孩子；用知识和经验浇灌孩子，别用旧习惯、不良习性影响孩子，这样才能赢得促进孩子健康成长的主动权。不少人认为，只要给孩子留下更多的钱，让孩子有实力接受更高的教育，就是对孩子负责，就是自己辛苦打工的价值体现。这是一种错误的片面的观念，往往会适得其反。

四、农村家庭教育的方式必须改进

很多农村父母采取打骂方式来教育子女。特别是在科学、文化和信息相对落后的农村，这一根深蒂固的教育观念已被很多家长认为是理所当然的事情。很多家长的理由是，“孩子太小听不进道理”，只有通过打骂才能实现教育孩子的目的。

家长要想知道孩子的想法，想对孩子进行教育，其实很简单。家长应多站在孩子的立场和角度，去了解他们的想法，根据实际情况，满足孩子合理的需求。孩子做了错事，违反了纪律，要多分析问题，少训斥孩子，要让孩子体会到亲情和温暖，让孩子少些寂寞和无助，多些深情和关爱。这样才会使点点关爱之情如春风化雨，促进孩子健康茁壮成长。

五、劣质影视娱乐作品影响农村孩子的成长

有些农村孩子由于年龄较小，对影视娱乐作品的优劣分辨不清。优秀的影视娱乐作品可以促进孩子的健康成长，而劣质的影视娱乐作品则对孩子的成长有负面影响。例如，在一项调查中，对“农村孩子课外或假期的时间主要做什么”这一问题，有28%的学生选择“业余时间看电

视”，“看书学习”的占35%。在电视节目的选择上，动画片占46%，暴力片占18%，而政治、新闻类只占10%。由此可见，看电视占了农村孩子大部分的课外和假期时间，电视节目方面，孩子更侧重于消遣、娱乐类，而教育、学习类则不被孩子“买账”。然而，部分影视作品为了吸引观众，追求商业利益，屏幕上频频闪动暴力镜头、又帅又酷的黑道人物、亦正亦邪的男女主角、充满“智慧”的作案手段，看得不少模仿性极强的孩子心醉神迷，难辨是非。那种罔顾法律的江湖义气、睚眦必报的爱恨情仇、以暴制暴的自我张扬，带来的潜移默化的影响与法治社会的道德观念背道而驰。这些无疑如鸦片一样毒害着孩子幼小的心灵。我们应该认识到，健康的电视节目和优秀的影视作品不仅可以让孩子学到科学文化知识，对其健康思想的养成也会起到积极的促进作用。而劣质的作品则会成为吞噬孩子灵魂的恶魔。因此，呼吁广大影视工作者应从国家和民族的长远利益出发，少受经济利益的驱使，多为孩子创作优秀的影视文化作品。

家长应在这方面科学地管理和引导孩子，帮助孩子做到两点：一是有所选择；二是控制时间。在孩子完成预定的学习任务后，家长可以为孩子选择积极健康的电视节目，并在场对节目内容作必要的解释和引导，以便让孩子看有所获。同时还应控制好时间，以免影响孩子正常的学习和生活。因此，只有将这两点把握好，才能让孩子在学习以外享受影视娱乐作品带给他们的快乐。

第二节　未成年人享有的基本权利

《中华人民共和国未成年人保护法》对未成年人享有哪些权利没有专门的规定。但在总则中规定：“未成年人享有受教育权、生存权、发展权、受保护权、参与权等权利。国家根据未成年人身心发展特点给予特殊、优先保护，保障未成年人的合法权益不受侵犯。”

一、受教育权

所谓受教育权，是指公民享有从国家接受文化教育的机会和获得受教育的物质帮助的权利。

受教育权，是我国宪法赋予公民的一项基本权利，也是公民享受其他文化教育的前提和基础。受教育权是一项基本人权。

受教育权包括两个基本要素：一是公民均有上学接受教育的权利；二是国家提供教育设施，培养教师，为公民受教育创造必要的机会和物质条件。如某一个人没有受教育的机会，无法上学，他就丧失了受教育权；如果缺乏教育的物质保障或法律保障，公民的受教育权也可能落空。

未成年人有依法接受规定年限义务教育的权利，有权要求学校开足开齐国家规定的各类课程，有权要求学校采取措施，保证教学质量，学校或教师不得以任何理由限制学生上课。如有的学校对违纪学生处以停课一周的处罚，实际上是侵害了学生的受教育权。

《中华人民共和国教育法》第四十二条规定：“受教育者享有下列权利：

（一）参加教育教学计划安排的各种活动，使用教学设施、设备、图书资料；

（二）按照国家规定获得奖学金、贷学金、助学金；

（三）在学业成绩和品行上获得公平评价，完成规定的学业后获得相应的学业证书、学位证书；

（四）对学校给予的处分不服向有关部门提出申诉，对学校、教师侵犯其人身权、财产权等合法权益，提出申诉或者依法提起诉讼；

（五）法律、法规规定的其他权利。”

侵害受教育权的具体表现实际上就是侵害了他人通过教育获得人力

资本并最终获得财产利益的可能性。具体来说，也就是公民从国家接受文化教育的机会以及获得受教育的物质帮助受到侵害，如适龄儿童和少年没有依照法律规定接受教育；国家、社会、学校和家庭没有予以保证国民教育；适龄儿童、少年没有入学接受规定年限的义务教育；在义务教育阶段，对学生收学费；父母不让适龄儿童、少年接受义务教育；学校剥夺适龄儿童、少年受教育权；外界因素干扰适龄儿童、少年受教育权等。

二、生命权、身体权、健康权

未成年人在学校接受良好教育的同时，其生命权、身体权、健康权应该受到保护。如教师对学生的体罚或变相体罚，学校校舍倒塌对学生造成伤害，校外人员进入学校对学生造成伤害，等等，都侵害了学生的生命权、身体权、健康权。

1.生命权

生命权，是指人身不受伤害和杀害的权利，或得到保护以免遭伤害和杀害的权利，取得维持生命和最低限度的健康保护的物质必需的权利。生命对于人的根本利益，使得维护人之生命安全成为法律的根本任务之一，反映到民法上，便是确认和维护自然人的生命权，保障生命不受非法剥夺，保障生命在受到各种威胁时能得到积极的维护，从而维护人的生命活动的延续，保障公民最高人格利益。

2.身体权

身体权，是指自然人保持其身体组织完整并支配其肢体、器官和其他身体组织的权利。身体是生命的物质载体，是生命得以产生和延续的最基本条件，由此决定了身体权对自然人至关重要。身体权与生命权、健康权密切相关，侵害自然人的身体往往导致对自然人健康的损害。生命权以保护自然人生命的延续为内容，而身体权所保护的是身体组织的完整及对身体组织的支配。

3.健康权

健康权，是指自然人依法享有的保持身体机能正常和维护健康利益的权利。身心健康是公民生存和进行正常民事活动的前提条件，也是公民作为民事主体所应享有的基本权利。对公民器官健康、生理健康、心理健康的侵害均构成侵害公民的健康权。同时由于健康与公民生命、身体的密切关系，侵害公民身体，剥夺公民生命的同时也构成对公民健康的侵害。我国法学界对此一般有两种观点：一是生理健康说，即健康只包括人生理机能的完善状态，而不包括心理之机能；二是生理、心理健康说，此说法认为健康包括身体的生理机能的正常运转以及心理的良好状态。

健康权是公民享有的一项最基本人权，是公民享有一切权利的基础之一，如果健康权得不到保障，那么公民的其他权利就无法实现或很难实现。保护公民的健康权是我国刑法、民法等多项部门法的共同任务。非法侵害公民的健康权，必须承担相应的民事、刑事法律责任。

三、身体自由权和内心自由权

发生在学校的侵害学生身体自由权和内心自由权的行为有：教师禁止学生上学、进教室，强令学生罚站，放学后禁止学生回家，下课后禁止学生自由活动，教师要求学生接受自己的思想观点，强迫订阅某种刊物，不允许自由阅读等。

1.身体自由权

身体自由权是以身体的动静举止不受非法干预为内容的人格权，亦即在法律范围内按照自己的意志决定自己身体行动的自由权利。公民的身体自由，是公民正常工作、生产、生活和学习的保证，失去身体自由，就失去了从事一切正常活动的可能。

我国《宪法》第三十七条规定："中华人民共和国公民的人身自由不受侵犯。任何公民，非经人民检察院批准或者决定或者人民法院决定，并由公安机关执行，不受逮捕。禁止非法拘禁和以其他方法非法剥夺或者限制公民的人身自由，禁止非法搜查公民的身体。"

2.内心自由权

内心自由权是一种以意志、意识决定的独立和不受非法干预为内容的人格权。非法强制他人接受思想观点、接受或者变更生活方式以及宗教信仰，都属对内心自由权的侵害。

四、肖像权

肖像权就是自然人所享有的对自己的肖像上所体现的人格利益为内容的一种人格权。肖像是采用摄影或者造型艺术手段反映自然人包括五官在内的形象的作品。

肖像权为人格权的一种，是自然人对于肖像的制作权和使用权。法律上的肖像为自然人人格的组成部分，肖像所体现的精神特征从某种程度上可以转化或派生出公民的物质利益。法律保护未成年人的肖像，是基于肖像在多方面体现了未成年人的精神利益、人格利益。

学校出于营利性目的使用或对外提供有关学生学习、生活的照片时，如果照片是以特定的未成年人形象为主题的，比如照片只有一个或几个未成年人，学校必须征得未成年人或其监护人的同意。特别是在进行有关违反校规校纪的宣传中，最好不要出现未成年人的真实照片。

五、名誉权

名誉权，是指人们依法享有的对自己所获得的客观社会评价、排除他人侵害的权利。它为人们自尊、自爱的安全利益提供法律保障。名誉权主要表现为名誉利益支配权和名誉维护权。我们有权利用自己良好的声誉获得更多的利益，有权维护自己的名誉免遭不正当的贬低，有权在名誉权受侵害时依法追究侵权人的法律责任。

未成年人年龄虽小，但同样享有名誉权，学校或教师不得对其人格进行侮辱或诽谤。如有的教师上课时用言语侮辱学生，对学生进行体罚或变相体罚，都是对学生名誉权的侵害。

六、隐私权

隐私权，是指自然人享有的私人生活安宁与私人信息秘密依法受到保护，不被他人非法侵扰、知悉、收集、利用和公开的一种人格权，而且权利主体对他人在何种程度上可以介入自己的私生活，对自己是否向他人公开隐私以及公开的范围和程度等具有决定权。

未成年人的私人通信、考试分数排名等，只要是他（她）不愿意让别人知道的，都可以成为其隐私，受到法律的保护。

七、独立财产权

财产权既包括物权、债权、继承权，也包括知识产权中的财产权利。

财产不被没收是未成年人对财产享有独立所有权的基本内容，学校无权没收其财产。学生上课看课外书或玩弄其他物品时，采取没收的做法，实际上侵害了学生的财产所有权。

八、荣誉权

荣誉权，是指公民、法人所享有的、因自己的突出贡献或特殊劳动成果而获得的光荣称号或其他荣誉的权利。

未成年人在学校期间获得的各种荣誉，如参加各级各类竞赛获奖，获得“三好学生”、“优秀学生干部”等称号，学校不得阻碍未成年人获得该荣誉，也不得对其随意撤销或剥夺。

九、著作权

著作权，又称为版权，分为著作人身权与著作财产权。其中著作人身权的内涵包括了公开发表权、姓名表示权及禁止他人以扭曲、变更方式利用著作损害著作人名誉的权利。著作财产权是无体财产权，是基于人类智慧所产生的权利，故属知识产权。

著作权包括发表权、署名权、修改权、保护作品完整权、使用权和获得报酬权。学生在校期间的作品，应依法享有著作权。著作权自作品创作完成之日起产生，在中国实行自愿登记原则。

十、平等对待权

未成年人在学校里有权得到和其他未成年人一样的对待，有权不受歧视。其中包括在入学和升学方面享有平等权利，在校学习和生活方面享有平等权利，受到公正评价的权利。

十一、生活获得照顾权

如学校提供给学生的午餐，其卫生和营养应该得到保障，学生生病时应该及时得到救治，学生在穿衣、吃饭等方面应该得到指导等。

十二、民事活动代理权

对于未成年人在学校期间不能独立完成的民事活动，未成年人有要求学校代理的权利。但即使是买食品、学习用品等行为，如果未成年人没有提出要求学校代理，学校也无权代理。

十三、休息娱乐权

作为未成年人最大幸福的休息娱乐，应该成为其在学校的主要权利之一。学校应该考虑到他们的娱乐、休息，允许他们创造健康的、丰富多彩的校园生活。

十四、获得良好的校园环境权

《中小学校园环境管理的暂行规定》对校园环境作了明确的规定，学校有义务采取措施，使校园环境达到相关标准，以满足未成年人健康成长的需要。

十五、拒绝乱收费、不合理劳动和不合理校内外活动的权利

学校向学生收取不该收取的费用，就意味着学校侵犯了学生特别是家长的财产权，学生和家长有权拒绝。

学校有权组织学生进行一些劳动，但如果学校要求学生从事营利性劳动或过重的体力劳动，学生有权拒绝。学生犯了错后，罚其劳动，也属不合理劳动，学生有权拒绝。

有些学校甚至一些地方政府的庆典活动，要求中小学生参加演出，属于不合理校内外活动，学生有权拒绝。

第三节　未成年人享有的特殊权利

《中华人民共和国未成年人保护法》（以下简称《未成年人保护法》）第二条规定："未成年人指未满十八周岁的公民。"未成年人作为我国历来高度重视并加以保护的特殊群体，除享有一般主体都享有的大多数权利外，国家还通过立法在不同的法律中赋予他们许多特殊的权利，旨在体现和落实对未成年人实行特殊保护的政策。未成年人依法享有的特殊权利主要有：

一、刑事豁免权

根据我国《刑法》第十七条的规定，不满14周岁的未成年人不管实施何种危害社会的行为，都不负刑事责任。

二、受到刑事处罚时享有从轻或减轻处罚的权利

《刑法》第十七条第三款明文规定："已满十四周岁不满十八周岁的未成年人犯罪，应当从轻或者减轻处罚。"

三、进入有关场所有优惠权

《未成年人保护法》第三十条规定："爱国主义教育基地、图书馆、青少年宫、儿童活动中心应当对未成年人免费开放；博物馆、纪念馆、科技馆、展览馆、美术馆、文化馆以及剧院、体育场馆、动物园、公园等场所，应当按照有关规定对未成年人免费或者优惠开放。"

四、个人犯罪资料不受媒体披露权

《中华人民共和国预防未成年人犯罪法》（以下简称《预防未成年人犯罪法》）第四十五条第三款规定："对未成年人犯罪案件，新闻报道、影视节目、公开出版物不得披露该未成年人的姓名、住所、照片及可能推断出该未成年人的资料。"

五、不受歧视权

《未成年人保护法》第八条、第四十四条和《预防未成年人犯罪法》第二十三条、第三十六条第二款，第三十九条第二款，第四十八条分别规定了任何单位和个人对女性未成年人或有残疾的未成年人，有不良行为的未成年人，在工读学校就读的未成年人以及解除收容教养、劳动教养的未成年人在复学、就业等方面不得歧视。

六、继续接受义务教育权

《预防未成年人犯罪法》第三十九条第一款规定：“未成年人在被收容教养期间，执行机关应当保证其继续接受文化知识、法律知识或者职业技术教育；对没有完成义务教育的未成年人，执行机关应当保证其继续接受义务教育。”第四十六条其中规定：对没有完成义务教育的未成年犯，执行机关应当保证其继续接受义务教育。

七、判决生效前学籍不受取消权

《预防未成年人犯罪法》第四十四条第三款规定：“对于被采取刑事强制措施的未成年学生，在人民法院的判决生效以前，不得取消其学籍。”因此，只要法院判决未生效，该未成年学生所在学校或主要机关均不得以任何理由取消其学籍。

八、受遗弃、虐待时有向多方请求保护的权利

《预防未成年人犯罪法》第四十一条规定：“被父母或者其他监护人遗弃、虐待的未成年人，有权向公安机关、民政部门、共产主义青年团、农村村民委员会请求保护。被请求上述部门和组织都应当接受，根据情况需要采取救助措施的，应当先采取救助措施。”

九、分配遗产时应受照顾的权利

《继承法》第十三条第二款规定：“对生活有特殊困难的缺乏劳动能力的继承人，分配遗产时，应当予以照顾。”根据该款规定，未成年人作为同一顺序继承人之一，在分配遗产时应当予以照顾。

十、胎儿的继承份额受超前保护

《继承法》第二十八条规定：“遗产分割时，应当保留胎儿的继承

份额。”

补充一点：未成年人还享有“司法特殊权利”，请参阅《中华人民共和国预防未成年人犯罪法》和《最高人民法院关于审理未成年人刑事案件的若干规定》。

第二章
农村孩子的家庭保护

我国历来重视家庭在养育孩子中的作用。在《未成年人保护法》中规定的家庭、学校、社会、司法四个方面保护，排在首位的就是家庭保护。父母为孩子所做的一切，无论是否自觉、自愿，无论能否达到保护未成年人的目的，在客观上都对孩子的生存与发展起着至关重要的作用，也关系到未成年人的权利能否得到充分地行使与维护。

《未成年人保护法》的立法宗旨与家庭教育的目标是一致的，就是要把孩子培养成身心健康、全面发展的合格公民。对孩子进行家庭保护的基本原则首先是要依据未成年人的身心发展特点给予特殊保护，而不是简单地按照父母的意志行事。要符合孩子的特点和需求，以孩子长远利益和全面发展为出发点对他们实施教育和保护，在日常生活中培养孩子健康的体魄、健全的人格和良好的行为习惯。这是对父母依法履行对未成年人的监护职责和抚养义务的基本要求。

第一节　监护人对未成年人的监护职责

父母作为未成年人的监护人，应履行监护职责。我国《民法通则》第十六条规定："未成年人的父母是未成年人的监护人。"监护人应当履行监护职责，保护被监护人的人身、财产及其他合法权益，除为被监护人的利益外，不得处理被监护人的财产。

一、监护人的监护职责

第一，应当依法履行对未成年人的监护职责和抚养义务，不得虐待、遗弃未成年人；不得歧视女孩或者有残疾的孩子；禁止溺婴、弃婴。

第二，应当尊重孩子接受教育的权利，必须使适龄孩子按照规定接受义务教育，不得使在校接受义务教育的孩子辍学。

第三，应当以健康的思想、品行和适当的方法教育孩子，引导孩子进行有益身心健康的活动，预防和制止孩子吸烟、酗酒、流浪以及聚赌、吸毒、卖淫。

第四，不得允许或者迫使未成年人结婚，不得为未成年子女订立婚约。

父母或者其他监护人不履行监护职责或者侵害被监护的孩子的合法权益的，应当依法承担责任。有前款所列不当行为，经教育不改的，人民法院可以根据有关人员或者有关单位的申请，撤销其监护人的资格，依照《民法通则》第十六条的规定，另行确定监护人。

孩子的父母或者其他监护人和学校，发现孩子组织或者参加实施不良行为的团伙，应当及时予以制止。发现该团伙有违法犯罪行为的，应当向公安机关报告。发现有人教唆、胁迫、引诱孩子违法犯罪的，应当向公安机关报告。公安机关接到报告后，应当及时依法查处，对孩子人身安全受到威胁的，应当及时采取有效措施，保护其人身安全。

孩子的父母或者其他监护人，不得让未满十六周岁的孩子脱离监护单独居住。

二、法定监护人应具备的职责

1. 保护被监护孩子的人身健康和安全

监护人担负有维护未成年人的人身健康和安全，保护他们的姓名权、荣誉权的责任，同时，还担负有排除来自各方面的对孩子的人身权利实施侵害的义务。监护人也负有对孩子进行德、智、体、美、劳方面培训和教育的职责。

2. 管理被监护孩子的财产

监护人应于监护职责范围内管理好被监护孩子的财产，维护孩子的合法财产权益。监护人应制止和排除他人侵犯未成年人财产权益的行为，并依法否定未成年人所做的与其行为能力不相适应的处分财产的民事行为，并对不当得利人进行追索，以保护未成年人的财产权益。监护人对孩子的财产为处分行为时，必须遵循有利于孩子的原则，否则，监护人不得对孩子的财产进行处理。

3. 代理未成年人进行民事行为

监护人代理孩子进行民事活动是其履行监护职责的一个重要的内容。根据法律规定，无民事行为能力的孩子为民事行为时由其法定代理人代理，限制民事行为能力的未成年人除从事与其年龄、智力、精神健康状况相适应的民事活动外，为其他民事行为须由法定代理人代理或者征得法定代理人的同意。此外，未成年人参加诉讼活动，也应由其监护人代理。在家庭保护中，代理是必不可少的，监护人除具备法定条件外，不得终止代理。

4. 代理未成年人行使索赔请求权

当未成年人的合法权益遭到不法侵害时，监护人有权也有责任代理未成年人行使损害赔偿的请求。未成年人获得损害赔偿，应遵循下列原则：

第一，财产损失全部赔偿原则。根据这一原则，加害行为人所承担的赔偿责任，应相当于未成年人因此所受到的损失。这里所说的损失是指未成年人所有的实际损失，包括财产的直接减少和失去的既得利益。

第二，对未成年人的人身损害只赔偿由此而形成的财产损失的原则。人身损害是一种非财产损害，这些损害有时会造成财产的直接损失，有时则只造成纯精神损害。加害行为人应赔偿未成年人人身损害所引起的全部财产损失，包括医疗费、住院费、住院期间的伙食补助费、护理费、治疗期间的交通费和未成年人的监护人的误工费用等；凡致未成年人残废的，除赔偿上述费用外，还应赔偿监护人因照顾而误工所减少的收入、继续治疗费用以及残废生活补助费；造成未成年死亡的，除赔偿死亡前因医疗或者抢救所花的医药治疗费用外，还应赔偿死亡所花的丧葬费及一定数额的抚恤费用。

第三，对造成未成年人精神损害的，实行财产责任和非财产责任并用的原则。对侵害未成年人的姓名权、肖像权、名誉权、荣誉权的，监护人除有权要求行为人停止侵害、恢复名誉、消除影响、赔礼道歉外，还可同时要求行为人赔偿损失。

三、健全未成年人监护制度的几点思考

1. 子女与父母不仅有血缘关系，而且存在法律关系

在绝大多数人的意识中都认为，父母总是为了孩子的最大利益而行事，父母所做的一切都是为了孩子好，父母的利益和孩子的利益是一致的。目前在我国的情况是：家庭监护还被很多人认为是家庭内部事务，父母以怎样的方式或者内容教育孩子是父母的权利。当一些恶性案件发生以后，社会才给予关注，于是人们愤慨、声讨、要求严厉处罚、同情。但事件过后还是无法避免类似的恶性案件发生，人们也没有从恶性案件中思考出预防类似问题发生的对策和措施。所以我们必须尽快建立、完善我们的监护人监督制度，子女不是父母的私人财产，子女与父母的关系中不但有血缘关系，也存在一种法律关系，父母对待子女的行为应该置于有效的法律监督之下。

2. 国家有积极介入保护儿童的义务

现在越来越多的国家已经意识到这一点，父母并不总能为了子女的最大利益而行事，甚至有时会严重侵害子女的利益。因此，国家在儿童生理和心理幸福方面是有责任的，在保护儿童方面有积极介入的义务，尤其是在儿童的权利遭受父母或其他监护人的侵害的时候，像使用童工、虐待儿童等。

我国家长制传统非常浓厚，虽然我们也经常提到“未成年人是祖国的未来”这样的话，但是，从现有立法、政策的制定和执法、司法实践所折射出的理念看，我国政府还没有充分认识到国家对儿童所应承担的责任。

3. 国家尽快健全、完善国家监护制度

我们呼吁，必须尽快健全、完善我国的国家监护制度，对于遭受父母虐待的孩子，应依法剥夺其父母监护人资格，孩子由国家来监护。

尽管存在上述立法缺陷，但我们在呼吁加快完善立法的同时，我们还是呼吁有关职能部门恪尽职守，切实担负起保障未成年人健康成长的职责。

如虐待儿童案件，当地公安部门在接到报案后，应该立即立案并进行侦查，对儿童的伤势进行司法鉴定。如果属于重伤，由公安部门侦查后移送检察院审查提起公诉；如果没有构成重伤，根据刑法规定，虐待罪属于告诉才处理的案件，即只有被害人到法院直接起诉才能追究侵害人的刑事责任，但对于像虐待儿童甚至婴儿这种情况，显然受害人自己无法提起刑事诉讼，为了帮助这样的被害人实现自己的权利，《刑法》第九十八条规定：“本法所称告诉才处理，是指被害人告诉才处理。如果被害人因受强制、威吓无法告诉的，人民检察院和被害人的近亲属也可以告诉。”

未成年人的保护是一个复杂的社会课题，不单是立法、执法或司法某

个机关可以解决的。未成年人的保护也涉及不同的责任主体，我国《未成年人保护法》第六条规定："保护未成年人，是国家机关、武装力量、政党、社会团体、企业事业组织、城乡基层群众性自治组织、未成年人的监护人和其他成年公民的共同责任。"对侵犯未成年人合法权益的行为，任何组织和个人都有权予以劝阻、制止或者向有关部门提出检举或者控告。但是，由于责任划分不明晰和责任主体之间的有效监督机制没有形成，从而使很多未成年人长期处于被虐待和遗弃的状态而不能被及时发现、处理，这对受害未成年人未来的健康成长和中国未来的法治建设都是极为不利的。

第二节　监护人对未成年人的抚养义务

抚养权是指父母对其子女的一项人身权利，抚养有婚生的抚养与非婚生的抚养之分，在现实生活中由于各种原因的出现与发生，导致父母对子女的抚养权得不到很好的保障。

一、我国《婚姻法》对抚养子女的有关规定

第三十六条规定：父母与子女间的关系，不因父母离婚而消除。离婚后，子女无论由父或母直接抚养，仍是父母双方的子女。离婚后，父母对于子女仍有抚养和教育的权利和义务。离婚后，哺乳期内的子女，以随哺乳的母亲抚养为原则。哺乳期后的子女，如双方因抚养问题发生争执不能达成协议时，由人民法院根据子女的权益和双方的具体情况判决。

第三十七条规定：离婚后，一方抚养的子女，另一方应负担必要的生活费和教育费的一部分或全部，担负费用的多少和期限的长短，由双方协议；协议不成时，由人民法院判决。关于子女生活费和教育费的协议

或判决，不妨碍子女在必要时向父母任何一方提出超过协议或判决原定数额的合理要求。

第三十八条规定：离婚后，不直接抚养子女的父或母，有探望子女的权利，另一方有协助的义务。行使探望权利的方式、时间由当事人协议；协议不成时，由人民法院判决。父或母探望子女，不利于子女身心健康的，由人民法院依法中止探望的权利；中止的事由消失后，应当恢复探望的权利。

第三十九条规定：离婚时，夫妻的共同财产由双方协议处理；协议不成时，由人民法院根据财产的具体情况、照顾子女和女方权益的原则判决。

二、父母离婚后，子女的具体抚养问题

父母离婚后，子女随哪方生活，一般是根据“有利于子女健康成长”的原则来决定。

1. 子女抚养问题应根据子女的年龄分两种情况来决定

（1）哺乳期内的子女由母亲抚养。按最高人民法院1993年11月3日颁发的《关于人民法院审理离婚案件处理子女抚养问题的若干具体意见》（以下简称《意见》）第一条规定：“两周岁以下的子女，一般随母方生活。”如果母亲有以下情形之一的，也可随父方生活：

患有久治不愈的传染性疾病或其他严重疾病，子女不宜与其共同生活的；

有抚养条件不尽抚养义务，而父方要求子女随其生活的；

因其他原因，子女确无法随母方生活的。

另外，父母双方协议两周岁以下子女随父方生活，并对子女健康成长无不利影响的，可予准许。

（2）哺乳期后的子女由谁抚养的问题。首先应由父母双方协商确

定，协商不成的，由人民法院根据双方的情况判决。如果父方和母方均要求随其生活，根据《意见》第三条的规定，一方有下列情形之一的，可予优先考虑：

已做绝育手术或因其他原因丧失生育能力的；

子女随其生活时间较长，改变生活环境对子女健康成长明显不利的；

无其他子女，而另一方有其他子女的；

子女随其生活，对子女成长有利，而另一方患有久治不愈的传染性疾病或其他严重疾病，或者有其他不利于子女身心健康的情形，不宜与子女共同生活的。

根据《意见》第四条规定，父方与母方抚养子女的条件基本相同，双方均要求子女与其共同生活，但子女单独随祖父母或外祖父母共同生活多年，且祖父母或外祖父母要求并且有能力帮助子女照顾孙子女或外孙子女的，可作为子女随父或随母生活的优先条件予以考虑。

根据《意见》第五条规定，父母双方对十周岁以上的未成年子女随父或随母生活发生争执的，应考虑该子女的意见。

另外，《意见》第六条还规定，在有利于保护子女利益的前提下，父母双方协议轮流抚养子女的，可予准许。

（3）什么情况下可以变更抚养权的问题。夫妻离婚后的任何时间内，一方或双方的情况或抚养能力发生较大变化，均可提出变更子女抚养权的要求。变更子女抚养权一般先由双方协商确定，如协议不成，可通过诉讼请求人民法院判决变更。有下列情形之一的，人民法院应予支持：

与子女共同生活的一方因患严重疾病或因伤残无力继续抚养子女的；

与子女共同生活的一方不尽抚养义务或有虐待子女行为，或其与子女共同生活对子女身心健康确有不利影响的；

十周岁以上未成年子女，愿随另一方生活，该方又有抚养能力的；

有其他正当理由需要变更的。

2. 离婚时确定子女抚养问题的原则

有利于子女身心健康，保障子女的合法权益，是贯穿于《婚姻法》的基本原则，也是处理离婚后子女抚养归属问题的出发点，只有在此前提下，再结合父母双方的抚养能力和抚养条件等具体情况妥善解决。对离婚后的子女抚养问题要考虑以下几个方面情况：

第一，应考虑父母双方的个人素质、对子女的责任感、家庭环境、父母与子女的感情等因素。

第二，应考虑不能生育和再婚有困难的父或母的合理要求。

第三，在双方的各种条件都基本相同的情况下，原则上由经济能力较强的一方抚养。

第四，10岁以上有识别能力的子女，无论随父还是随母，都应征求子女本人的意见。

三、不得迫使未成年人子女结婚或订立婚约

《未成年人保护法》，第十五条规定："父母或者其他监护人不得允许或者迫使未成年人结婚，不得为未成年人订立婚约。"

第三节 监护人对未成年子女的教育义务

父母不仅应对子女的健康成长承担经济责任，还要对子女进行教育。所谓教育是指父母在日常生活中对子女的思想、品质、智力、科学文化知识、体质、美育、劳动等方面予以关心和帮助，引导子女树立正确的思想及高尚的情操，有文化，懂技能，成长为对社会有益的人。

一、父母对子女的教育义务

一是家庭作为子女的启蒙学校，父母作为子女的启蒙教师，在朝夕

相处的共同生活中，父母对子女的影响和感染力是十分强烈的。尤其是对未成年子女，父母的一言一行、一举一动都影响着子女，对子女起着潜移默化的教育作用，父母常常成为子女所崇拜和效仿的榜样。因此，父母一定要注意自己的言行举止，对子女在政治上、思想上、品质上加以正确地引导和教诲，并注意儿童的智力开发及科学文化知识的正确传授，培养和形成子女的良好的学习和受教育的习惯及环境，以利于子女的健康成长。父母自觉承担对子女的教育义务，是父母应尽的职责，也是法律的要求。

二是父母应积极地为子女提供接受学校教育的良好的条件和机会。适龄儿童，都享有接受学校教育的权利，普及九年义务教育，是每一位父母对子女应尽的职责。因此，作为父母，都必须按时送子女到学校学习，接受正规的、系统的学校教育，并为子女实现受教育的权利提供必要的经济条件，协助国家和社会，顺利实现对未成年人的义务教育目标。

二、父母对其未成年子女的保护和教育既是权利又是义务

1. 关于父母对其未成年子女的保护和教育的权利

父母对其子女的保护和教育是基于亲权和监护权上的权利。如对未成年子女生活进行照顾的权利，在管教子女过程中的惩戒权，当未成年子女被绑架时有要求交还的请求权，还有在未成年子女进行民事活动中的法定代理权等。

2. 关于父母对未成年人的保护和教育的义务

因为保障未成年人的身心健康，培养未成年人的良好品行，也是维护社会安定，发展社会主义法制，促进社会主义精神文明建设，培养社会主义建设人才，保证社会主义建设顺利进行，实现建设有中国特色的社会主义的宏伟目标的需要。家庭的环境和父母的品行，对未成年人的成

长有着极其重要的影响。而父母又与子女接触最多，对子女影响最大，因此父母对未成年人有保护和教育的义务。

三、父母对未成年子女管教和保护的职责的相关规定

《中华人民共和国未成年人保护法》第四条规定："国家、社会、学校和家庭对未成年人进行理想教育、文化教育、纪律和法制教育，进行爱国主义、集体主义和国际主义、共产主义的教育，培养爱祖国、爱人民、爱劳动、爱科学、爱社会主义的公德，反对资本主义、封建主义和其他腐朽的思想侵蚀。"该法第十一条又规定："父母或者其他监护人应当关注未成年人的生理、心理状况和行为习惯，以健康的思想、良好的品行和适当的方法教育和影响未成年人，引导其未成年子女进行有益身心健康的活动，预防和制止未成年人吸烟、酗酒、流浪、沉迷网络以及赌博、吸毒、卖淫等行为。"

《中华人民共和国预防未成年人犯罪法》第十条规定："未成年人的父母对未成年人的法制教育负有直接责任。"该法第十四条规定："未成年人的父母或者其他监护人和学校应当教育未成年人不得有下列不良行为：（一）旷课、夜不归宿；（二）携带管制刀具；（三）打架斗殴、辱骂他人；（四）强行向他人索要财物；（五）偷窃、故意毁坏财物；（六）参与赌博或者变相赌博；（七）观看、收听色情、淫秽的音像制品、读物等；（八）进入法律、法规规定未成年人不适宜进入的营业性歌舞厅等场所；（九）其他严重违背社会公德的不良行为。"

该法第十五条规定："未成年人的父母或者其他监护人和学校应当教育未成年人不得吸烟、酗酒。任何经营场所不得向未成年人出售烟酒。"该法第十九条规定："未成年人的父母或者其他监护人，不得让不满十六周岁的未成年人脱离监护单独居住。"该法第二十条规定："未成年人的父母或者其他监护人对未成年人不得放任不管，不得迫使其离家出走，放弃监护职责。未成年人离家出走的，其父母或者其他监护人应当及时查

找，或者向公安机关请求帮助。”

《中华人民共和国未成年人保护法》第五十三条规定：“父母或者其他监护人不履行监护职责或者侵害被监护的未成年人的合法权益，经教育不改的，人民法院可以根据有关人员或者有关单位的申请，撤销其监护人的资格，依法另行指定监护人。被撤销监护资格的父母应依法继续负担抚养费用。”又如《中华人民共和国预防未成年人犯罪法》第四十九条规定：“未成年人的父母或者其他监护人不履行监护职责，放任未成年人有本法规定的不良行为或者严重不良行为的，由公安机关对未成年人的父母或者其他监护人予以训诫，责令其严加管教。”

《民法通则》第十八条中规定：“监护人不履行监护职责或者侵害被监护人的合法权益的，应当承担责任；给被监护人造成财产损失的，应当赔偿损失。人民法院可以根据有关人员和有关单位的申请，撤销监护人的资格。”

四、父母对子女进行良好的家庭保护

家庭保护的功能是保障未成年人健康生存与全面发展，实质是尊重和保护未成年人的权利。家庭保护中突出的问题是父母对未成年人权利的漠视，具体表现为在履行对孩子监护职责中的“越位”与“缺位”。学习家庭教育知识和接受家庭教育指导，是父母对未成年人有效实施家庭保护的必要前提。

1. 家庭保护的功能

保障未成年人健康生存与全面发展。在社会运行中，人是最基本、最具活力，也是最宝贵的要素，人的生存状况以及人的自身素质的全面、协调发展，是一个社会全面、和谐发展的基础。如何保护和教育当今的未成年人，他们具有怎样的生存和发展的素质，将预示着未来社会可能达到的水平。家庭作为人成长的摇篮和社会化的首属群体，在未成年人保护中具有重要地位，这是由家庭对人的不可替代的作用和特有的功能决定的。

首先，家庭保护是未成年人生存之必需。作为生物个体，人与动物的根本区别在于，动物是在自然环境中生存的，它们遵循的是自然选择规律和“丛林法则”，凭借遗传和本能便自然地获得对环境的适应能力和自身的生存的能力，而人则不具备这样的特性。正如美国学者伊恩·罗伯逊在谈到人的社会化时的这样一段描述：“在其他物种中，幼崽在出生或被孵化出来以后一般很快就能照料自己了。而人类的婴孩却完全无能为力，在出生之后的好几年内都需要不断有人对他加以照顾和保护。这一依赖期无论从绝对时间来看，还是从相对时间来看，都比其他动物长得多。”也就是说，一个人出生后，受与生俱来的生理条件限制，不能独立生活，必须依赖他人的抚养、照顾、教育和监督，否则就不能保证其生命的存活和健康成长。人的这种生理特点，决定了具有教育繁衍功能的家庭必然地承担起照顾和保护孩子的责任，这是普遍的规律，也是家庭最基本的和特有的功能。“保护未成年人的身心健康”是《未成年人保护法》的立法宗旨之一，该法在家庭保护一章中规定：“父母或者其他监护人应当创造良好、和睦的家庭环境，依法履行对未成年人的监护职责和抚养义务。”就是首先要为未成年人提供生存和成长所必需的吃、穿、住、医疗、教育等方面的物质条件和以亲情为纽带的良好的人际氛围，这种功能是学校、社会不能取代的。

其次，家庭保护赋予未成年人立足社会的能力。“教育与保护相结合”是《未成年人保护法》关于未成年人保护的基本原则。其目的是促进未成年人在品德、智力、体质等方面全面发展，培养有理想、有道德、有文化、有纪律的社会主义建设者和接班人。从广义上讲，教育是保护的重要组成部分，是一种特殊的对未成年人的保护措施。融入丰富教育内涵的保护，才能达到培育未成年人健康成长、全面发展的目的，才能使一个“自然人”成为一个“社会人”，获得立足社会的能力。培养这种能力即符合社会需求的素质，既不能靠遗传基因，也不能靠被动消极的适应，而必须依靠他人、群体和社会的打造，这是一个长期的社会化过程。在这一过程中，最先满足人的欲求及与之发生互动的是家庭及家庭成员。

家庭对人的重要性在于：未成年阶段是人一生中社会化的关键时期，主要生活空间是家庭。正是在家庭中，开始了最初的人际交流、感情联系，开始学习语言、启蒙大脑，并开始将社会规范和价值观内化。而且家庭是以血缘、情感关系为基础，以经济关系相联系，成员之间最为亲密的社会群体。在家庭中教育者对受教育者情感的感染性最强烈、权威性最强，对现实生活的控制力最有效。家庭作为最基本的社会生活单位，使教育与日常生活融为一体，具有内容全面和明显的针对性特点，最有益于社会主流文化的传递。一般来说，人都是通过家庭认识社会、走向社会的。未成年人在家庭中获得的知识、观念、行为习惯及其他人格特质，是人的全面发展中的最基本的要素，能够在人的初始阶段打下未来立足社会的能力积淀，将对其一生产生重要影响。

2. 家庭保护的实质

家庭保护的实质就是尊重和保护未成年人的权利。

“以人为本”是构建社会主义和谐社会的出发点和归宿点。对个人而言，就是尊重人的合法权利，尊重人的能力差异，尊重人的个性，尊重人的独立人格，不断满足人的合理需求，真正达到各尽其能、各得其所。新修订的《未成年人保护法》进一步明确和突出了未成年人的权利，即“未成年人享有生存权、发展权、受保护权、参与权等权利。”家庭保护就是尊重和保护未成年人的这些权利。《未成年人保护法》在新增加的内容中规定“禁止对未成年人实施家庭暴力”，是站在保护未成年人人身权和人格尊严的立场上，对我国多少年来固有的“棍棒出孝子”、“不打不成材”观念的否定，是对父母凭借未成年人对成年人在人身和财产等方面的依赖性，任意伤害孩子行为的限制；再如规定“父母或者其他监护人应当根据未成年人的年龄和智力发展状况，在作出与未成年人权益有关的决定时告知其本人，并听取他们的意见”，这是对未成年人参与权的保护，即父母应当把孩子作为独立的人，给孩子表达意愿和选择的权利，不能忽视孩子的需求，以自身的好恶而违背孩子的意愿决定孩子的事项。

家庭的本质功能决定了父母必须从孩子生命的起始阶段给予他们多方面的照料，保障他们的合法权益不受任何侵犯。在家庭生活实践之中培养孩子的生存能力，启迪他们的精神世界，学习在社会中做人做事的本领，是孩子在社会的舞台上实现自身的生命价值的必要条件。《未成年人保护法》第十一条规定：“父母或者其他监护人应当关注未成年人的生理、心理状况和行为习惯，以健康的思想、良好的品行和适当的方法教育和影响未成年人，引导未成年人进行有益身心健康的活动……”其终极目的是保障未成年人权利的实现。

因此从实质上说，尊重和保护未成年人实现自身的权利，是父母作为其监护人应当履行的义务。这种义务随着孩子的出生而产生，并贯穿在家庭生活的每一个环节之中。无论他们是否自觉、自愿，其观念与行为是否符合保障未成年人权益的宗旨、能否达到保护未成年人的目的，在客观上都对未成年人的生存与发展起着至关重要的作用，也关系到未成年人的权利能否得到充分地行使与维护。

3. 家庭保护的问题

家庭保护存在父母的“越位”与“缺位”问题。把未成年人看作积极主动的权利主体，是现代社会保护未成年人权利的基点。只有在充分尊重未成年人权利主体地位的前提下，才能使对他们的保护有利于他们的发展，最终达到使其独立于社会的目的。审视当今我国未成年人家庭保护状况，突出的问题是父母对未成年人权利的漠视。具体表现为父母作为未成年人的监护人“越位”与“缺位”两种极端倾向。一方面是“保护过度”，父母在孩子养育中包办、替代过多；另一方面是监护责任缺失，父母不能很好地履行甚至不尽对孩子的抚养教育义务。无论哪方面的问题都是在制造未成年人社会化障碍，很大程度上侵害了他们的权益，限制了他们自身的发展。

中国的父母不惜一切代价为孩子付出的精神和做法在世界上是罕见的。在孩子的养育过程中，一些父母往往是按照成年人认定的理想的模式和目标来左右孩子的成长，急于“揠苗助长”。孩子的现在只是为了他的将来，而对于未成年人自身个性的成熟和社会化过程中的各种需要则在很大程度上被忽略了，孩子作为独立的个体在家庭中应当享有的权利得不到尊重。反映在教育内容上，父母们不顾孩子的感受、需求、能力和他们的长远利益，习惯于把成年人的思想观念强行灌输给孩子，按照成年人的意志为孩子安排生活方式和内容，确定生活目标和行为选择；在教育方式上，热衷于对孩子单向的、教条的说教，不屑于征求孩子的意见、取得孩子的认同；在对孩子的评价标准上，以成人为中心的“听话”的孩子是好孩子，循规蹈矩被奉为楷模。在瞬息万变的现代社会，当孩子们以其童心和对新事物的敏感接受新思想、模仿新事物的时候，无论是积极的还是消极的，常常被父母们视为“不轨”而横加限制等。事实上这是在有意无意之中对孩子权利的剥夺。其结果是，扼杀了未成年人作为权利主体的自我意识和独立性，使孩子按照成长的自然规律的发展大打折扣。他们由在家庭中缺乏独立的机会开始，逐渐发展为缺少独立成长的内在动力和勇气，弱化了在现实社会生存与发展的能力，甚至不能成为一个完整的、自立于社会的人。

另一方面，在我国快速的社会转型和城市化进程中，承载新一代人养育功能的家庭受到前所未有的巨大的冲击，夫妻离异家庭解体、农民进城务工亲子分离等家庭变故的增多，使父母对孩子监护缺失的情况日趋严重。我国《婚姻法》明确规定：“父母与子女间的关系，不因父母离婚而消除。离婚后，子女无论由父或母直接抚养，仍是父母双方的子女。”“离婚后，父母对于子女仍有抚养和教育的权利和义务。”然而从现实生活中诸多遭遇家庭解体的未成年人的不良境遇之中我们真切地看到，一些父母在解除婚姻关系后也随即放弃、削弱或扭曲了自身对孩子的养育职责，人为地制造了孩子抚养教育中的种种问题，侵害了孩子的合法权益。还有，当我国上亿农民离开故土进城务工、摆脱贫困的同时，数以千万计的“留守儿童”应运而生。这些父母到城里打拼挣钱，获得了另一种生存方式。同时又因为在城市里或自身难保，或无立锥之地，无法将孩子带进城里留在自己的身边。留守的孩子很难得到父母贴身的关爱，也得不到父母的言传身教以及在思想和行为上的指导和帮助。即便孩子被委托有监护能力的其他成年人代为监护，尽管学校、社会作出很多努力弥补家庭监护之缺陷，但都不可能完全替代未成年人在最需要呵护阶段父母的作用。

事实证明，由于父母“越位”和“缺位”对未成年人权益的侵害，比任何来自其他方面的对孩子的伤害都更为严重、更为深刻。在一项全国未成年犯调查中我们了解到，有的孩子由于家庭贫困、父母离异或外出打工等原因造成父母无暇顾及，基本生活没有保障，其生存权益受到侵害，便以抢劫、盗窃为生；有的孩子受到身体侵害无力反抗，而家庭又不能为其提供帮助，出于安全的需要便在社会上寻求“保护”，直至受坏人指使贩毒、卖淫、抢劫等无所不为；有的孩子在家里经常受到父母的打骂和无端干涉，得不到应有的关爱和尊重，造成心理和行为上的扭曲，便到家庭以外寻找发泄的渠道，因打架斗殴、聚众闹事而触犯刑律；有的孩子在成人不恰当的呵护之下并不能摆脱内心的孤独感，交往的需求和自我实现的需求使他们很容易参与社会上一些不良团伙，犯罪也在所不惜……

事实上，如果未成年人的需求在家庭中得到满足，他们的权益得以有效的保障，或者当他们的权益受到外部因素侵害的时候，父母给予及时的抚慰或补偿，或许就可以减少或者避免犯罪。至少在他们走上犯罪道路之前，家庭保护可以起到预防和缓解他们违法犯罪的作用。未成年人处于人生发展的不成熟阶段，属于弱势群体，权益侵害更容易使其误入歧途。这种状况与性格异常、环境不良、家庭缺陷、教育不足等各种内部和外部因素相结合，往往使他们不假思索地采取伤害他人等过激行为，实际上就是以侵害他人的权益来维护自己的权益，获得需要上的满足。近年来未成年人违法犯罪恶性事件增加的反面事例，让我们更清醒地认识到家庭对于保护未成年人权利的重要。

4. 家庭保护的前提

家庭保护的前提是父母的角色学习与教育。父母是对未成年人实施家庭保护的主体或执行者。当我们揭示在未成年人家庭保护方面存在的问题，对父母在履行监护职责方面不尽如人意之处进行批评的同时也应当承认，父母承担对未成年人的监护职责、抚养教育未成年人并非可以无师自通，在家庭保护中存在的问题，在一定程度上是他们缺乏这方面的学习造成的，而靠自身的力量又难以解决，因此需要必要的指导。新修订的《未成年人保护法》第十二条规定：“父母或者其他监护人应当学习家庭教育知识，正确履行监护职责，抚养教育未成年人。有关国家机关和社会组织应当为未成年人的父母或者其他监护人提供家庭教育指导。”首次以法律的形式明确了未成年人的父母或者其他监护人学习家庭教育知识的必要性，确立了家庭教育指导的法律地位，这是对未成年人有效实施家庭保护的必要前提。

一个社会成员，无论社会地位的高低，也无论达到哪一级文化程度、在工作岗位上作出了多么突出的成绩，都不能代表或说明他作为父亲或母亲的素质如何。父母作为未成年人的法定监护人，有特定的角色规范。但是在现实生活中，许多父母全身心地为孩子付出，认为把劲使在孩子身上，关系到孩子今后的前途，而对于学习了解自身的角色职责，提高作为监护人的素质，则在很大程度上忽略了。往往是凭着自己长者的地位，凭着自己的想当然去抚养教育孩子，出现问题便在所难免。在现代社会，对下一代的抚育，仅靠上一代人口传身授的教子经验和方法，远不能适应时代发展对父母角色的要求。面对未成年的孩子，如果不清楚地了解作为监护人的权利义务，不学习家庭教育的特点和规律，不提高自身的教育素质，就很难正确履行保护教育未成年人的角色职责。

《未成年人保护法》中提出的“学习家庭教育知识”应当是广义的，对父母来说，一是学习作为监护人的基本职责和规范，了解自身的义务、权利和履行这个角色的法定要求是什么。二是向孩子学习，了解未成年人的特点和需求，学会在孩子的立场上思考问题，适应子女的心理、生理及行为特点的变化，以有利于孩子的权利实现和全面发展。三是学习家庭教育的基本知识。家庭教育是一门科学，教育子女是父母的一种智力活动，家庭教育的特点、规律、内容、方法的学习是无止境的，应当随着社会的角色期望和孩子的变化对父母角色的要求不断充实。四是在实践中学习。父母的角色学习不是空泛的、脱离实际的学习，而必须在同孩子的互动关系、与社会的关系中进行。有时候父母不经意的言行对孩子就是一种教育，同时也需要思考、需要智慧，需要在与孩子的互动中总结经验和教训，在实践中举一反三，进而达到教育孩子的新境界。毕竟，家庭教育是在个体家庭内部进行的，这一特点也决定了父母的角色学习和对子女的教育实践具有很大的随意性。

随着社会的发展，家庭教育在整个教育体系中、在促进全民族素质提高中不可替代的作用日益凸显出来，也使得家庭教育指导逐渐成为有理论基础、有自身特点和规律的一个特殊的教育领域，受到社会的广泛重视。但从总体上看还存在问题，一是有相当多的未成年人的父母未曾接受过正规的家庭教育指导，尤其是在教育问题较为严重的偏远、贫困农村，家庭教育指导几乎是个盲点；二是教育滞后，不足以对父母正确履行监护人的责任给予预期的帮助；三是流于形式，针对性不强，难以解决父母在孩子教育中的实际问题；四是家庭教育指导的主管机构和执行机构不明确，缺少必要的人员、资金等支持，甚至造成某些以营利为目的的机构对父母的误导等。

总之，父母要通过学习家庭教育知识和接受家庭教育指导，达到树立正确的教育观念、掌握家庭教育的方法和规律，不断提高教育能力的目的。这是父母作为家庭中未成年子女的监护人所具备的基本素质，直接关系到家庭保护的效果和未成年人权利的实现。

第四节　尊重孩子的继承权

根据《继承法》第十条的规定，配偶、子女、父母同为第一顺序法定继承人。因此，我国父母与子女之间的遗产继承权是一种相互的权利。父母死亡时，子女依法继承父母的遗产；子女先于父母死亡时，父母依法继承子女的遗产。作为法定继承顺序，只有在第一顺序继承人不存在的情况下，才能由第二顺序的继承人继承。由于未成年人不懂得实现自己的权益。因此，在继承关系中，尤其应当保护未成年人的继承权。

一、保护未成年人的继承权

第一，在法定继承中依法对未成年人的继承份额予以特殊照顾。因为未成年人没有独立的生活来源，不具有成年人一样的劳动能力，为了维持其生活和保障其健康成长，一般在分配遗产的份额时，都要予以适当照顾。根据1984年最高人民法院所作的司法解释：“同一顺序法定继承人之间分割遗产时，如果继承人情况基本相同，一般可以平均分配。但对未成年继承人，应当照顾。适当照顾的标准，应以未成年人的实际需要和当地群众的一般生活水平来决定。”

第二，在遗嘱继承中，依法保护未成年人的继承权。被继承人生前以遗嘱方式处分财产的，应对未成年人保留必要的遗产份额。对于以遗嘱剥夺未成年法定继承人应当继承的遗产份额的，应当宣告遗嘱无效或者部分无效，保证未成年继承人相应的遗产继承份额。

第三，以强制力确保未成年人的合法继承权。对于侵犯未成年人继承权的行为，涉及未成年人继承权的纠纷案件，受诉法院应当在查清事实的基础上，正确使用法律，依法作出判决，在其他当事人不履行判决内容的情况下，人民法院可依申请依法强制执行，确保未成年人合法继承权的享有和实现。

第四，父母离婚后，未成年子女仍然依法享有对父母双方的遗产继承权，且该继承权的实现受到法律的保障。

二、立遗嘱不能剥夺未成年人的继承权

王青是某村农民，他于1991年7月结婚，1993年9月王青的妻子生育一男，取名王平。1998年4月，王青的妻子因车祸身亡。王青得子丧妻，心里很难受，一心想着寄希望在儿子的身上。但由于王青的过分溺爱，王平养成了许多恶习，经常在学校与同学打架，结伙抽烟喝酒，且干起了偷鸡摸狗的事情，王青无法管教。2006年，王平辍学在社会上流荡。2008年10月，王青因患癌症离开人世。去世之前，王青留下遗嘱："王平不务正业，败坏了王家的名声，且不在家好好照料父亲，因此王平不得继承遗产，遗产由患病期间一直照看我的朋友苏某继承。"王平得知此事后，遂向法院提起诉讼，要求继承遗产。

我国《继承法》第五条规定："继承开始后，按照法定继承办理；有遗嘱的，按照遗嘱继承或者遗嘱办理；有遗嘱抚养协议的，按照协议办理。"

由此可见，我国遗产继承发生的根据有三种方式：法定继承、遗嘱继承；遗赠；遗赠抚养协议。遗嘱有两种：一是遗嘱继承；二是遗嘱赠与。遗嘱继承是指在被继承人死后，按其生前所立的遗嘱内容，将其遗产转移给指定的继承人的一种方式。与法定继承相比，遗嘱继承虽也是

一种继承方式，但其优先于法定继承，即被继承人生前如果立有合法有效的遗嘱，就应当首先按照遗嘱的规定进行遗嘱继承；在没有遗嘱或者有遗嘱但遗嘱被人民法院判决无效，以及有遗嘱但遗嘱仅处分了部分财产的情况下，才按法定继承方式进行。而遗赠是指公民以遗嘱方式将其遗产的一部分和全部赠给国家、集体组织、社会团体或者法定继承人以外的人。遗赠是遗嘱的特殊形式，它与遗嘱的区别在于：

第一，在遗赠中，获得财产的不是法定继承人，而是国家、集体组织、社会团体或者其他非法定继承人。而在遗嘱中获得财产的肯定是法定继承人中的一人或数人。

第二，遗赠是一种单方法律行为，只要将遗赠内容载入遗嘱，不需要遗赠受领人同意即为有效。

第三，遗赠受领人并不直接参与遗产的分配，而只是从继承人或其他遗嘱执行人那里取得遗赠财产。

第四，一般情况下，遗赠受领人在受领遗赠中，不负有义务。但如果在遗赠中写明受赠人接受遗赠要完成遗赠人指定的一定公益义务时，受赠人必须履行遗赠指定的义务后，才能受领遗赠。

综上所述，依据现行法律规定，公民不仅可以通过设定遗嘱的方式改变继承人的范围、顺序和继承份额，而且还可以取消法定继承人的继承权，把财产遗赠给法定继承人以外的人。但是，为了保护未成年人的利益，对于未成年人的法定继承人，法律禁止以遗嘱方式剥夺其继承权。

《继承法》规定遗嘱自由的同时，对遗嘱自由又作出了一些限制性的规定：

第一，立遗嘱人必须具有民事行为能力。立遗嘱是一种民事法律行为，立遗嘱人必须具有完全民事行为能力，即立遗嘱能力。《继承法》第二十二条第一款规定：“无行为能力人或限制民事行为能力人所立的遗嘱无效。”

第二，遗嘱必须是遗嘱人的真实意思表示。受胁迫、欺骗所立的遗嘱因其不符合遗嘱人的真实意思而无效；伪造的遗嘱无效；遗嘱被篡改的，被篡改的内容无效。

第三，遗嘱内容不得违反法律，不得损害国家、集体的利益。遗嘱内容若违反上述规定，违反的部分一律无效。

第四，遗嘱应当为缺乏劳动能力又没有生活来源的继承人保留必要的遗产份额。

由此可见，公民立遗嘱时不能剥夺法定继承人中无独立生活能力的未成年人的继承权。否则，该遗嘱无效。被遗嘱剥夺继承权的无独立生活能力和缺乏劳动能力的未成年法定继承人可依法律规定继承其应继承的份额。必要时，还可以适当多分一部分遗产。

本案中，王青以儿子王平不务正业为由，剥夺其继承权是没有法律依据的。王青的遗嘱没有给未成年的王平留下适当的遗产，以保证缺乏劳动能力又没有生活来源的儿子的正常生活，是违反法律规定的，因而其遗嘱部分无效。当然，王青的遗嘱也不是全部无效，只要为王平保留了必要的遗产份额，其他部分王青仍可以自由处理。作为遗赠，不是法定继承人的苏某有权继承王青的遗产。

法官温馨提醒：被继承人立遗嘱时，不应当剥夺未成年人的合法继承权。这不仅是法律制度规定的，也是社会主义道德要求的，更是保护未成年人健康成长的需要。

第三章 农村孩子的学校保护

学校应当尊重未成年学生受教育的权利，关心、爱护学生，对品行有缺点、学习有困难的学生，应当耐心教育、帮助，不得歧视，不得违反法律和国家规定开除未成年学生。学校应当根据未成年学生身心发展的特点，对他们进行社会生活指导、心理健康辅导和青春期教育。对于在学校接受教育的有严重不良行为的未成年学生，学校和父母或者其他监护人应当互相配合加以管教；无力管教或者管教无效的，可以按照有关规定将其送专门学校继续接受教育。

第一节　农村孩子有受教育权

受教育权是指公民所享有的并由国家保障实现的接受教育的权利，其内容包括受教育机会权、受教育条件权和公正评价权三个方面。在我国法学界，一般认为受教育权是宪法确认和保障的一项基本人权，属于社会经济权利的范畴。

侵犯受教育权的总体表现是，侵害了他人通过教育获得人力资本并最终获得财产利益的可能性。具体来说，也可以说是公民从国家接受文化教育的机会以及获得受教育的物质帮助受到侵害。如适龄儿童和青少年没有依照法律规定接受规定年限的义务教育，国家、社会、学校和家庭没有予以保证国民教育，在义务教育阶段，对学生收学费等。

相关法律法规：

第一，我国宪法庄严宣布："国家保障公民的受教育权。"

第二，义务教育法规定，保障公民的受教育权，并规定了国家的责任、社会的责任、学校的责任等。

第三，教育法、未成年人保护法也有相关规定。

教育就是通过向个人传授一定价值观念、文化规则、生产技能和知识来促进人实现社会化的一种活动。每个人都是通过教育来完成自己的社会化过程的；受教育过程中获得的生存知识和技能则是将来独立谋生的必要准备。所以，无论是人的社会化还是获得独立生存的手段，都离不开教育。人不仅要谋生存，而且要谋发展；不仅要生活，而且要追求优质的生活。要实现这种高于生存的目标，更是离不开教育。可见，教育对个人一生的生存和发展最为关键。

社会是个人生存发展的前提，但又由每个个人构成。虽然在实践中个人与社会的关系总是被矛盾和冲突所困扰，但却有内在的统一性。这种统一性的一个重要表现，就是个人与社会之间存在责任和义务的双向互动关系。个人成长的特殊性，造成了这种双向责任、义务的排序性。社会首先要对个人尽责，使个人获得必要能力，才有权要求个人对社会尽责。这一关系决定了受教育是每个人的基本权利。个人的这种权利也就是社会的义务。社会至少应该向每个未成年人提供最低限度的正规教育，让他们掌握将来履行各种基本职责、参与社会生活所需的必要文化知识，并且在知识和智力上为将来正常生活和进一步受教育打下基础。

在经济不发达的时代，拥有初中等水平的知识即可适应生存和发展的需要，而如今拥有高层次的知识不仅是发展的前提，而且正日渐成为生存的前提。这种社会需求激发起人们对高等教育的渴望，催生了各国高等教育的大众化（在一些发达国家甚至出现了普及化）趋势。如果说在这种精英教育模式下，接受高等教育只是少数人的专利，高等教育被视为一种特权，还没有产生将其平等化的意识，因此不存在高等教育权之争，那么，当高等教育过渡到大众化时代，大学不再是神秘的象牙塔，接受高等教育成了大众改善生存状态的一种有效方式时，人们必然会对高等教育权利投以更多的关注。

第二节　尊重爱护农村学生

在教育事业中，教师履行国家赋予的教育教学权。教师应培养学生成为德、智、体等方面全面发展的接班人和建设者，保障学生的人身安全与身心健康，尊重学生的人格，公平对待每一位学生。

一、不得歧视、厌弃农村学生

由于学生身心发展不成熟，并且缺乏社会生活经验，缺乏知识，在处理事情时，容易偏激，出现过错。但是学生的可塑性比较强，容易认识自己的错误，并努力纠正。教师对学生要采取教育与保护相结合的原则。一方面，要教育学生认识到自己过错的危害；另一方面，又要注意保护学生的名誉。比如对品行有缺点、学习有困难的学生，应该耐心教育、帮助，不得歧视，不得随意开除，尊重学生人格尊严。

第一，在有些城市的学校里，农村孩子比城市孩子容易受到歧视。一位教师请班里仅有的四个农村孩子站起来，然后对来访的客人介绍说：“就他们这几个人家里孩子多，学习差。”孩子的家庭、社会出身往往成为他们不能得到平等对待的原因。知识分子家庭出身的孩子、社会地位较高家庭的孩子等更多地得到教师的尊重。“他父亲是副部长，”一位教师介绍一个男孩时说，“所以这孩子很好学。”一些家长亦不愿意让自己的孩子与社会地位较低的家庭的孩子玩或成为朋友。尽管在主观意识中，我们都愿意平等，但在现实中，我们不自觉地将孩子的家庭、社会背景与孩子本人混为一谈，造成对弱势群体中的孩子们的忽略和歧视。

第二，实施体罚、变相体罚或者其他侮辱人格的行为。在教育工作中，教师的工作水平不仅取决于教师出色地完成工作的水平，更重要的是取决于对教育事业和学生的热爱，取决于师生关系的和谐。教师要有良好的职业道德，关心学生、爱护学生，把学生当做具有独立人格的人来看待，在学生中间要注意保持积极、乐观的精神状态；在学生面前要保持稳定的情绪，始终将思考的快乐和收获的喜悦送给学生；要有宽容的心理，要能够容忍学生的过错，使学生在愉快和谐的环境中健康成长；把权威建立在长期与学生平等的交往中，要尊重学生，信任学生，主动关心、爱护学生，尽可能地满足学生求知的需要。在教学过程中，不做有损学生人格的事，不得对学生实施体罚或者变相体罚。

第三，对学生的容貌、形体歧视。一些教育者喜欢并偏爱漂亮的孩子。护旗手、主持人、大会发言者、致谢者常常由漂亮的孩子担任。其实很多孩子都喜欢有这样的机会展示自己，但成人很难将这些机会公平地分给每个孩子，结果使未能担任这些角色的孩子产生一种自卑感。20世纪80年代时美国一所中学的铜管乐队演出，乐队前导队全是女孩子。他们选择的标准不是看谁漂亮，而是看哪个孩子更适合，被选中的孩子一律穿着短裙，看起来个个朝气蓬勃、神采飞扬、充满自信。

第四，对学习成绩较差的孩子的歧视。有一项调查表明，约12%的低分学生受到了更多的否定、嘲笑和孤立。在家庭中，低分学生比高分学生得到更少的爱、信任和鼓励，得到更多的否定和自尊方面的伤害。在学校里，低分学生比高分学生更难得到教师的鼓励，排名次给低分学生造成了难以想象的失败感和屈辱感。超过80%的家长要求自己的孩子与学习好的同学交朋友，低分学生常常感到孤独。

对儿童的歧视现象不仅这几种。在学校里，对学习成绩不好或纪律不好的孩子，或让当众罚站；或让这些孩子坐在教室最前边或最后边，以示与其他同学不同；给这些孩子起羞辱性的外号，致使其他同学加入羞辱、孤立这些孩子的行列；或是体罚；命令学习成绩最后三名的同学当众给学习前三名的同学送礼物等。

成年人经常对此不以为然，而儿童生活在这种“不公平”、“老师尽偏向”的环境中，非常不利于身心的健康发展。

所以，不要歧视、厌弃农村孩子，不要戴着有色眼镜来看待他们，而是要给他们更多的关爱，因为他们也是祖国的花朵、祖国的未来。

二、要尊重学生

教师所处的社会地位和所从事的职业有着特殊性，决定了教师在保护学生、尊重学生合法权益上具有十分重要的作用，这也是法律赋予教师应尽的职责。教师在自觉尊重学生权利的同时，也要向全社会广泛宣传、支持和配合有关部门做好保护学生合法权利的工作，对社会上出现的有害于学生健康成长的现象，发生侵犯学生合法权利的行为，教师也要予以批评和抵制。

第一，尊重学生的主体地位，激发学生的主体意识，充分调动学生主动学习的积极性。学生是具有一定主体性的人，随着他们自我意识的形成和不断增强，迫切需要得到老师的尊重。在课堂教学中要进行相互交流，让学生发表自己的看法和见解，表达出自己的思想和感情。为了尊重学生的主体地位，我们应该在课堂上尽量多表扬学生，肯定学生的独立思考和学习中主动性和主见性。在尊重学生的主体地位中把学生的积极性调动起来。

第二，尊重学生的个性差异，有针对性地开展教学。“十个指头，不一般齐”，学生是有差异的，要在了解学生的基础上，根据学生的思想实际和学习状况开展教学工作。

第三，教师要关心每个学生，关心他们的全面发展和健康成长。教师除了课堂教学要生动、有趣，能打动每个学生外，还必须深入学生中间去，了解每个学生的成长过程，用实际行动关心他们的全面发展和健康成长。

第四，教师要理解每个学生。理解学生的内涵和意义有两方面：一要理解学生的语言和非语言表现的类型，特别是了解他们行动的意义和情绪变化的原因；二要冷静地、客观地理解学生，不仅仅是为理解而理解，更需要发挥教师的主观能动性，去援助、指导学生的思想和行动，从“理解的教师”迈向“行动的教师”。教师理解了学生，才会得到学生的理解，教学才能获得成功。在教学过程中做到理解学生的难处，理解学生的心情，理解好学生，也理解后进学生。比如在做作业中，根据完成作业的不同情况区别对待，学生作业少，多布置一点，学生作业多，就少布置或不布置，并且进行不同的奖励和批评，从而调动了全体学生的积极性。在课堂的提问中也根据学生不同情况提不同的问题，或根据问题的难易程度由不同的学生来回答。这样教学，学生回答问题更积极，也答得更好。

第三节　学校必须对学生进行心理辅导

现今，随着素质教育的全面推进，心理健康教育作为素质教育的重要组成部分，已受到教育界乃至全社会的普遍关注。心理健康教育成了学校教育中不容忽视的一件事。

学生健康心理辅导是学生心理健康教育的具体化，其中心和主旨是面向全体学生，旨在全面促进学生健康心理，包括良好的智力因素和非智力因素的形成和发展，提高心理素质。因而学生健康心理辅导的内容是多方面、全方位的，主要包括以下内容：

一、学校对学生的学习心理辅导

学习是学生的主要任务，也是学生心理社会化的主要途径，乐于学习是学生心理健康的重要标志之一。学生通过学习获得知识，增长本领，取得优异的学习成绩，受到家长和教师的赞许，受到同学的好评，能够体验到成功的喜悦，激发起强烈的学习兴趣和求知欲；同时在学习中也会遇到困难和挫折，体验到失败的痛苦，经受意志力的磨炼和考验。学习上的成功能增强信心，多次失败也能丧失信心。学习心理辅导包括学习动机、学习态度、学习方法、学习习惯和考试心理辅导，目的在于引导学生通过积极主动地探讨，进而明确学习目的，端正学习态度，树立正确的学习动机，掌握科学有效的学习方法，养成良好的学习习惯，正确对待学习中的困难和挫折，帮助学生获得成功，体验成功的喜悦，从而形成坚定的学习信念和旺盛的进取精神。

二、学校对学生的智能辅导

智能的形成和发展是人们认识世界、改造世界和创造未来的先决条件，也是学生身心健康成长的主导因素和重要标志。人在出生以后，随着机体的发育、成长，包括感觉器官、运动器官，特别是大脑发育的逐渐完善，人们的活动范围和实践领域不断扩大，对外界事物的反映也越来越广泛、丰富和深刻。人们在反映客观事物的现象、本质、规律的过程中，逐步形成了认识能力，包括观察力、记忆力、思维能力、想象力和注意力。而以思维能力为核心的各种认识能力因素的有机结合即构成了人们的智力。在认识现实、改变现实、创造社会财富的过程中逐步形成人们的各种能力，包括认识能力、操作能力、创造能力和社会交往能力等。一个国家、一个民族，没有智能的培养和开发，一切都无从谈起，因而必须从儿童抓起。

三、学校对学生的情感和意志辅导

俗话说："人非草木，孰能无情。"如果人类没有了情绪情感，就没有对真理的追求，也没有丰富多彩的精神生活和社会生活。意志是人所特有的高级心理现象，是人的主观能动性的集中体现。没有意志，任何美好的理想、宏伟的计划和伟大的战略决策都不可能变为物质的现实，任何智慧和潜力都难以得到充分的发挥，因而既不可能有个人的美好未来，也不可能有国家和民族的美好未来。可见帮助学生学会调节自己的心态，克服悲观、怯懦、抑郁、紧张等消极否定的情绪情感，经常性地保持舒畅、喜悦、乐观、自信等积极肯定的情绪情感，形成良好的意志品质，保持生动活泼、蓬勃奋发的良好心态，对其身心健康成长和未来发展具有十分重要而又深远的意义。

四、学校对学生的个性心理辅导

个性心理是一个独特、多系统、多侧面、多层次和多级发展水平的开放性的结构系统。个性的全面发展是实现共产主义社会的重要条件之一。一个人个性结构中的优势、潜力、特点或弱点，不仅制约着其社会活动的选择性、效能及未来发展的可能性，同时也往往是事业成败的决定因素。古往今来，凡成就大事业者其个性结构都有其独特的优势、潜力和特点，如思路开阔，灵活机敏，富有坚定的信念和创新意识，好奇心、求知欲强烈，求真务实，坚韧不拔，不怕困难，不怕挫折，勇于进取，敢冒风险，心胸开朗，达观，富有幽默感等。学生个性心理辅导的根本目的，就在于帮助和促进学生的个性心理，包括兴趣、能力、性格和自我意识等各方面得到全面和谐的发展。

五、学校对学生日常生活中的心理辅导

学生日常生活中的心理辅导主要包括社会交往辅导、休闲辅导、消费辅导和常识性的生活技能辅导。社会交往是人类意识发生、发展和形成的基本条件。运用言语的和非言语的符号系统交流思想、情感，总结和传播知识经验，表达物质的和精神的各种需要，是人类所特有的社会心理现象，也是协调各方面的人际关系，调动各方面的积极性，统一思

想，统一意志，同心同德，团结协作，实现群体目标，取得事业成功的客观要求和必要条件。学生通过正常交往，一方面可获得友谊与爱，得到同伴的接纳、尊重、理解和赞许，从中体验到存在的价值和生活的乐趣，同时亦可学会更好地尊重他人，理解他人，关心和帮助他人，学会与人合作。这不仅有利于增长知识，增长才干，也有利于身心健康。休闲辅导、消费辅导和生活技能辅导是我国现代社会生活提出来的新课题，是我国经济及各项社会事业飞速发展，收入和生活水平不断提高的结果，也是素质教育的客观需要。休闲、消费和生活技能方面的辅导有助于培养学生健康的生活情趣、乐观的生活态度和良好的生活习惯。辅导的主要目的在于帮助学生正确选择休闲方式，发展有益于身心健康的兴趣爱好，树立正确的消费观念，合理计划消费水平和消费行为，提高生活自理的能力。

第四节　学校要保障学生安全

学校是未成年人学习和生活的摇篮，是培养社会主义建设者和接班人的主阵地。未成年人2/3的时间都是在学校度过，学校及教职工对未成年人的教育、培养、保护负有重要责任。

首先，学校领导和教师要率先垂范，带头遵章守纪，对学校的安全工作作出榜样。学校校舍的建设、各种设施设备的配置与管理，都要按国家有关法规办，这是学校领导的责任。否则，校舍、设备、设施不安全，一旦出现问题，容易对学生造成一定的伤害。

其次，要加强对学生的管理和教育。学生是受教育者，纪律、制度和规范要靠教育，靠加强管理才能落实。据统计分析，学生伤亡事故80%以上是违章违纪造成的。安全是学校工作的综合反映，管理松弛、纪律涣散的学校，安全工作也必然落后，这是发生学生伤亡事故的内在原因。

学校设施、设备的安全保障应包括：

一、环境的安全

学校应远离石油化工、农药生产等有火灾爆炸、毒物危害、严重污染的工厂和仓库；不得在校园内铺设过境架空高压线；也不得在学校附近有高噪声的扰民的设备。

二、建筑物安全

学校的建筑物要符合校舍建设的基本程序。校园建设要充分考虑学生的安全。

1. 过道

过道上最好不要设置台阶，如设置少于三阶的台阶，很容易摔倒，造成事故。学生们在疏散或下课时，喜欢跑跳，摔跤现象就更容易发生。走廊栏杆高度不低于1米，这是因为，这样既不遮挡学生向外望的视线，又能保证学生安全。同时还要有避免攀爬栏杆的措施。

2. 楼梯

避免螺旋楼梯，楼梯踏步也不要超过18个台阶。楼梯的梯段与梯段之间，如设隔墙，则遮挡视线，这样会造成上下楼梯的学生互相看不见，很容易发生碰撞，尤其是紧急疏散时，更易出危险。学校教学用房的楼梯一般是不宜设楼梯井的。因为学生喜欢攀爬楼梯栏杆，在扶手上滑戏，稍一不慎，就有从楼梯井坠下的危险，另外，当紧急疏散时，学生在慌乱、拥挤、争相下楼的情况下，也有被挤从楼梯井处坠下的危险。

3. 安全出口

普通教室安全出口的门洞净宽度，如不小于1米时，则门的净宽度不小于0.89米（以木门计算）；合班教室的安全出口的门洞净宽度，如不小于1.5米时，则闸的净宽度不小于1.39米（按木闸计算）。前者只能通过一股人流，后者能通过两股人流。如果再小，不但学生出入不便，疏散不畅，易于堵塞，而且课桌、家具等，搬出搬入也不方便。

三、实验室的设施要达到安全要求

1. 化学实验室

化学实验室应设在一层，这不仅减少腐蚀、漏水情况，还有利于排除有害气体，更便于紧急疏散。化学实验室装通风柜很重要，经过调查，发现很多化学实验室未装设通风装置，而在实验过程中，室内化学气味之浓，难以忍受，而且对师生身体健康有一定的危害。通风柜内有时有腐蚀性强的酸、碱和有毒气体等，应注意排除，还需做加热消毒。为了避免用过的器皿清洗消毒污染室内空气，通风柜内应设上、下水，照明灯等。为防腐蚀，电源插座、煤气开关等不能放在通风柜内。当化学药品溅入眼内时，应采取急救措施，化学实验室应设事故急救冲洗水嘴。实验室内的煤气开关，为了避免学生无意或有意开启，造成事故，应设有一定的安全措施，如设置警报器，排风扇、煤气进户总阀门加罩等，并应教会学生使用。

2. 物理实验室

一般安全守则同化学实验室，由于无药品，总体危险性小，但电气安全、机械操作安全尤应关注，某些光学实验操作不当会伤害眼睛。

3. 生物实验室

校园内较为安全，但到野外实习情况就极为复杂。要教会山区学生懂得一般自然灾害及生物灾害（植物灾害）避险措施，同时防热防冷措施也应格外注意。

四、学校的设施、设备必须建立安全制度，加强安全管理

第一，在寒冷地区，学校在寒假期间，教学用房停止使用，为防止管道冻裂以及内存水变质，故在给水进户管上，应设汇泄装置。

第二，为方便学生饮水需要，增强学生体质，在符合卫生要求的条件下，应在教学楼内逐层设消毒水供应处（经过滤或紫外线消毒自来水），寒冷地区冬季学生饮冷水不习惯，可分情况，供应热开水。

第三，根据维护管理和使用特点的要求，照明线路应划分支路控制，互不影响。另外，教室照明控制范围不宜过大，要求控制在2—3个教室一路，主要是为减少事故影响范围，管理方便。教学用房内插座与照明灯应分开支路。因为插座用电不是每节课都用，从学生的安全着眼，避免发生意外触电危险，不用插座时可将电源切断。平时插座不带电，而教室照明是经常用电的，所以要分支路控制，各自独立，确保安全使用。

第五节　确立打工子弟学校的合法地位

随着城市经济的迅速发展，无数农民工进城务工，但是他们的子女却享受不到和城市孩子一样的平等的受教育权利。“借读”要高额借读费，而且毕业后也只有一张借读证书，没有正式文凭；即使入学也受歧视，入队入团、评三好学生，可能都没份儿，因为不计入当地学校的各项考核指标。一些人在简易的打工子弟学校就读，学校的合法性又得不到承认，随时有被驱赶和解散的可能，而且同样无正式文凭，甚至学校连正式的公章也没有，所以对外来务工人员的孩子来说接受教育成为一个问题。

首先，我们要树立一个观念：孩子有书读总比流浪街头成为文盲法

盲好。否则，老处在边缘人的位置，对个人的成长不利，对社会也是个不稳定因素。其次，对于一个学校，特别是因陋就简的打工子弟学校，首要的不是看它硬件如何，而要看它的管理和师资力量如何。普及九年制义务教育本是各级政府的职责，现在迁出地管不了，迁入地又往往不管，打工者们自己站出来为政府分忧，社会各界理应多多支持。当然，如果能像北京市石景山区和宣武区那样，将外来务工人员的子女就学纳入当地公办学校招生计划，让他们和城市孩子一样平起平坐，并且不收任何赞助费、“借读”费，更是“利见当代，功在千秋”之举。事实上，随着独生子女入学高峰的过去，很多城市学校根本就生源不足，为何要让这些良好的教学资源闲置浪费呢？

如果打工子弟学校的合法性问题不能解决，它的办学条件要改善其实是很难的。学校不合法，想批地盖楼也不成。这就陷入一个怪圈：学校越不合法，越是漂泊不定、破破烂烂、松松垮垮。只有合法了，各校教学质量、办学条件才能得到提高，优胜劣汰的良性竞争才能开始。因此说，打工子弟学校合法地位的确立对外来务工人员孩子来讲是受益匪浅的。

第四章
农村孩子的社会保护

社会保护特指在社会生活环境中对未成年人实行的保护。这种社会生活环境不同于未成年人的家庭环境和学校环境，也不同于司法环境。社会保护的地位在静态意义上包括两个方面：社会保护是未成年人保护必不可少的组成部分，以及社会保护是未成年人完成向成年人健康过渡的重要保障。在动态意义上，我们可以说，它将随着未成年人社会生活领域的扩大而日益重要。越是年龄增长、体能增强，其社会活动的比重越大，社会保护的地位也就越突出。

随着社会经济的发展，农村已经成为传统与现代的统一，城市与乡村的统一，农村孩子比较单纯，又有大量留守儿童，因此对农村孩子进行社会保护尤为重要。

第一节　社会保护的积极作用

国家制定法律规定对未成年人进行社会保护，其目的旨在为防止社会生活中存在的不良因素会侵犯到未成年人的身心健康及合法权益。由于未成年人自身的生理、心理特点，使他们易于模仿社会环境中事物，并去学习、接受其一定的行为方式和习惯。因此，创造良好的社会环境，对未成年人的身心发展和健康成长极为有利。

一、对未成年人的安全与健康保护

未成年人的安全与健康，是对未成年人的社会保护的基本的和首要的要求，是保护未成年人的心理和思想健康成长和发展的基础和前提。保护未成年人的安全，是指在有未成年人参加的社会生活中采取措施，不使未成年人的身体和生命受到意外事故的突然损害。保护未成年人的健康，是指在未成年人参加的社会生活中采取措施，不使未成年人的身体因生理疾病而影响其自然生长发育。

我国《未成年人保护法》在第四章规定了四方面的措施：

一是在生活方面，日常生活中在与未成年人发生接触时，社会有责任保护未成年人的安全和健康。这种责任表现在大力发展幼托事业和禁止一切在未成年人的日常生活中有害于未成年人安全与健康的行为。只有既创造未成年人正常生活的优良条件，使其在安全和卫生的条件下健康成长，又禁绝有害于其安全和健康的行为，才能保障未成年人的安全与健康。

二是在疾病防治方面，要保护未成年人的安全和健康，必须在疾病预防上下工夫。根据我国《未成年人保护法》的规定，在疾病防治方面保护未成年人的安全和健康，具体要做到：提供必要的卫生保健条件；做好疾病预防工作；加强对托儿所、幼儿园卫生保健的业务指导。

三是在劳动就业方面，适度劳动，是促进未成年人成长的必要措施之一。但是过度的劳动既可能威胁未成年人的生命安全和身体健康，又会占用其学习时间。因此，劳动就业是保护未成年人安全和健康的重要环节，只有科学处理好未成年人的劳动问题，才能保证未成年人在德、智、体各方面都得到全面发展。在劳动就业方面保护未成年人的安全和健康，应当将就业、劳动和职业技术培训三道关把好。

四是在救济方面，对于那些流浪乞讨或者离家出走的未成年人，《未成年人保护法》第四十三条规定："县级以上人民政府及其民政部门应当根据需要设立救助场所，对流浪乞讨等生活无着未成年人实施救助，承担临时监护责任；公安部门或者其他有关部门应当护送流浪乞讨或者离家出走的未成年人到救助场所，由救助场所予以救助和妥善照顾，并及时通知其父母或者其他监护人领回。对孤儿、无法查明父母或者其他监护人的以及其他生活无着的未成年的，由民政部门设立的儿童福利机构收留抚养。未成年人救助机构、儿童福利机构及其工作人员应当依法履行职责，不得虐待、歧视未成年人；不得在办理收留抚养工作中牟取利益。"

二、对未成年人在心理和思想上的健康成长的保护

首先是对未成年人的心理和思想活动进行积极引导。由于心理、思想活动是主观意识活动，未成年人在心理上、思想上的成长，要依靠其主观认识来完成，他人不能取代，更不能粗暴干涉这种主观意识活动。为此，《未成年人保护法》规定的对未成年人的心理和思想活动的引导，应该包括三个方面：对未成年人社会活动的引导；对未成年人进入场所的引导；对未成年人接触出版物的引导。

其次是尊重未成年人的人格尊严。我们对未成年人的健康成长的保护，要尊重未成年人的主体资格，不能把未成年人放在从属的位置，粗暴干涉其心理、思想活动，否则，容易伤害未成年人幼小的心灵，引起未成年人对社会的抵触情绪。尊重未成年人的人格尊严，主要表现在对未成年人的隐私和信件的处理上。揭露未成年人的隐私和隐匿，毁弃、非法开拆未成年人的信件，都会伤害未成年人的人格尊严。

再次是禁止有害于未成年人心理健康和侵蚀其思想的行为。禁止有害于未成年人心理健康和侵蚀其思想的行为，与对未成年人的心理和思想活动进行积极引导，是相辅相成的两个方面，意义在于净化社会生活环境，把未成年人与某些社会上的事物隔离开来。如，不得允许未成年人

进入不适宜其活动的场所；禁止向未成年人传播毒害未成年人的图书、报刊、音像制品。

最后是保护未成年人的智力成果权和荣誉权。未成年人因为不具有民事行为能力或者不具有完成民事行为能力，如果其智力成果权和荣誉权受到侵犯，依法可以由其父母或者法定监护人向法院提起诉讼，使侵权人承担相应的法律责任。通过对未成年人智力成果权和荣誉权的保护，可以激发未成年人奋发向上的积极性，为社会更多地贡献自己的聪明才智。

第二节　预防未成年人沉迷网络

网络的负面影响对青少年的心理健康成长是非常不利的，家长对此应有充分的认识，积极预防上网对青少年的心理伤害。

保护孩心的心理健康，最重要的是要防止自己的孩子患上“上网成瘾综合征”。此外，过度沉湎于网络还会影响青少年正常的认知、情感和心理定位，还可能导致人格的分裂，不利于青少年健康人格和正确人生观的塑造。

一、网络使孩子人格分裂的表现

1. 喜欢撒谎

遨游在网络中的人不需要真实的姓名、身份，人与人的交往没有任何责任和义务。因此，在这种虚拟的交往中，人潜在的不良心理就会得以引发并强化，其中以撒谎最为普遍。调查表明，有不少中小学生就是从网络中学会了撒谎，并以撒谎为乐事，有一位少年网民不无感慨地说：“在网络上没有一句话是可信的，你被人骗只能证明你是白痴，你不骗人只能说明你是傻子。”

2. 感到孤独

“上网时间长了，我连怎么用嘴说话都忘了。”这是一个少年网民的独白。就信息本身而言，互联网是开放的，它能使青少年接受到更全面、更生动、更形象的信息，但相对于信息的接受者来说，其接受的过程却是封闭的。网民面对的是冷冰冰的网络、电脑设备，一旦下线离开电脑，就不像在网上那样积极地表现自己，热情地与他人沟通。由此，不可避免地造成青少年“网民”情感上的孤独。

心理学家指出：当一个人专注于某一事物时，对其他事物都有不同程度的忽视。学生对互联网虚拟世界的依恋必然会产生心理上的孤独感。

3. 内心空虚

网络是天堂，网络世界五彩纷呈，但网络却是虚拟的。现实是客观的，但这客观的现实却又常常使人无奈。正因为如此，一些青少年无节制地花费大量时间和精力在网上聊天、浏览，企图以此摆脱学习生活的重负，减轻精神的压力。不上网无聊，下了线更空虚。长此以往，不仅损害了身体，而且造成了自我评价的降低、能力下降和思维迟缓，直接导致了学习成绩的下降，这种恶性循环，导致了上网的虚空心理。

4. 容易冲动

由于在网络中缺乏正常的情感交流，人们在网络上很难正确地表达自己的情感，加上网络上浮躁的言辞与画面的刺激，青少年网民渐渐养成了遇事不冷静的冲动心理。

5. 崇尚暴力

由于网络上有大量的暴力游戏，致使一些涉世不深的青少年沉迷其间，形成暴力崇拜。他们期望以暴力解决一切问题，通过暴力达到自己的目的。因此，网吧斗殴或因上网而发生的争吵、凶杀等恶性事件屡有发生。这是青少年网民在不良的网络环境下形成的暴力心理倾向所致。

二、防范教育措施

近几年来，网络导致的恶性案件在全国频频发生，未成年人网络犯罪成为突出的社会现象，其给社会、家庭带来诸多负面影响，造成不小的危害，通过对未成年人网络犯罪性质的分析，得出几点防范教育的措施。

首先，普及义务教育，加强高级中学教育，真正扩大受教育群体，提高个体知识水平，达到预防犯罪的目的。纵览未成年人网络犯罪案件，明显的特点就是受教育程度较低，文化知识的浅薄造成他们对法律的漠视。所以预防未成年人网络犯罪，一定要加强青少年教育的全面普及，达到以教治愚、提高民智、减少犯罪的目的，同时将一些无所事事的初中毕业生，进行再教育、培训，减少其违法犯罪的机会。

其次，要净化社会环境，给未成年人一个良好的成长环境。青少年是接受新生事物最快的人群，但由于青少年阅历浅，识别鉴别好坏能力差，更容易接受一些消极的东西，从而导致走上歧途。最近几年，对中学生、青少年最有影响的是网络，起到消极作用的也是网络。网络本身并没有错，而是网络中的一些消极东西影响了尚未成熟的未成年人。为抵制网络带来的消极影响，学校及家长一再呼吁减少网吧，尤其要关闭学校附近的网吧，以净化学校周围的网络环境。

最后，要重视家庭法制教育。有些家长忙于维持生计，对孩子疏于管理，少于沟通。如此这般，孩子渐渐远离家庭，有可能沾染上坏习惯，从而逐渐走上犯罪的道路。所以要加强家庭教育，这对预防未成年人网络犯罪是必不可少的，司法部门应开展家庭法制宣传教育，让家长帮助孩子学习法律知识，让孩子从小远离网上涉及的暴力、残忍、色情的内容，学会热爱生命，善待别人。

三、判断孩子心理健康的标准

1. 情绪反应适度

在情感的表现上，乐观而稳定，心胸开阔，对一切充满了希望，既不为琐事耿耿于怀，也不莽撞冲动，保持一份平常心，以积极、乐观、愉悦的情绪去感染身边的人。

2. 自我意识正确

在集体中自信、自尊、自重、自爱，少有自卑心理，也不傲视他人；对自己有正确的评价与要求，在学习和生活中不断开发自己的潜力，以实现自己的理想与人生价值。

3. 意志品质健全

对自己的言行举止表现出一定的自觉性、独立性和自制力，既不刚愎自用，也不盲从寡断；在日常生活中注重培养自己的意志，经得起挫折与磨难的考验。

4. 个性构造日趋完善

个性是一个人经常的、本质的和与他人相区别的心理特点的总和。它包括心理倾向性（如需要、动机、意志、兴趣、人生观等）和个性心理特征（如能力、气质、性格等）。

5. 良好的人际交往

指乐于并善于与他人交往，能和大多数人建立良好的人际关系，与他人互相关心，互相帮助；与他人相处时，积极的心态（包括信任、愉快、轻松、热情、坦诚、大方、尊重、宽容、融洽、耐心等）多于消极心态（包括怀疑、冷漠、嫉妒、任性、计较、小气、苛刻等）；能很快适应新环境。

6. 行为得体

生活态度积极，珍惜一切学习与工作的机会，行为上表现出独立自主，既不盲从，也能拒绝诱惑，不以他人的好恶作为个人行为的依据。

7. 反应适度

对外界事物的反应积极而主动，不冲动、浮躁。

第三节　劳动就业保护

劳动法是调整劳动关系以及与劳动关系密切联系的社会关系的法律规范总称。《中华人民共和国劳动法》是国家为了保护劳动者的合法权益，调整劳动关系，建立和维护适应社会主义市场经济的劳动制度，促进经济发展和社会进步，根据宪法而制定颁布的法律。根据《禁止使用童工规定》第二条的规定："国家机关、社会团体、企业事业单位、民办非企业单位或者个人工商户均不得招用不满十六周岁的未成年人。禁止任何单位或者个人为不满十六周岁的未成年人介绍就业，禁止不满十六周岁的未成年人开业从事个体经营活动。"违反以上规定的，都要依法进行处罚，触犯刑律的，要依法追究刑事责任。

任何组织或者个人按照国家有关规定招用已满十六周岁未满十八周岁的未成年人的，应当执行国家在工种、劳动时间、劳动强度和保护措施等方面的规定，不得安排其从事过重、有毒、有害等危害未成年人身心健康的劳动或者危险作业。非法招用未满十六周岁的未成年人，或者招用已满十六周岁的未成年人从事过重、有毒、有害等危害未成年人身心健康的劳动或者危险作业的，由劳动保障部门责令改正，处以罚款；情节严重的，由工商行政管理部门吊销营业执照。

劳动保护是国家和单位为保护劳动者在劳动生产过程中的安全和健康

所采取的立法、组织和技术措施的总称。劳动保护的目的是为劳动者创造安全、卫生、舒适的劳动工作条件，消除和预防劳动生产过程中可能发生的伤亡、职业病和急性职业中毒，保障劳动者以健康的劳动力参加社会生产，促进劳动生产率的提高，保证社会主义现代化建设顺利进行。

第四节 积极建立救助机构

《中华人民共和国未成年人保护法》第四十三条规定："县级以上人民政府及其民政部门应当根据需要设立救助场所，对流浪乞讨等生活无着未成年人实施救助，承担临时监护责任；公安部门或者其他有关部门应当护送流浪乞讨或者离家出走的未成年人到救助场所，由救助场所予以救助和妥善照顾，并及时通知其父母或者其他监护人领回。"

加强对流浪未成年人的救助保护的具体实施：

第一，对流浪未成年人采取救助保护措施。建立由各级综治委预防未成年人违法犯罪工作领导小组办公室牵头，各相关职能部门参加的流浪未成年人救助保护协调工作小组，每年定期召开协调小组工作会议，研究解决救助流浪未成年人工作中存在的问题，检查督促救助流浪未成年人工作。

第二，建立对流浪未成年人救助保护机构。各级民政部门要积极贯彻落实《关于进一步加强预防未成年人违法犯罪工作的意见》精神，各地级以上市，尤其是大中城市、交通枢纽城市民政部门要积极向当地政府及编制部门提交设立流浪未成年人救助保护机构及人员编制的申请报告。

第三，完成流浪未成年人救助保护机构基础设施建设。 各级发展改革部门要积极支持、指导各级流浪未成年人救助保护机构基础设施建设，将其纳入国民经济和社会发展计划。完善独立或相对独立的流浪未成年人救助保护机构基础设施，有利于流浪未成年人救助保护和教育、管理。各地级以上市流浪未成年人救助保护机构要进一步加强基础设施建设。

第四，一定要确保流浪未成年人救助保护机构经费。各级财政部门要科学合理地预算流浪未成年人的救助经费，制定生活定量定额标准，保证符合救助条件的流浪未成年人在救助站内的基本需要。要将流浪未成年人救助保护机构建设和业务经费纳入财政预算统筹安排，切实保障流浪未成年人的生活、教育、安置以及机构建设等工作的顺利开展。

第五，严厉打击操控流浪未成年人进行乞讨的行为。各级公安部门要采取行之有效的措施，开展对流浪未成年人的告知、引导、护送工作，充分运用国家和省现有的法律、法规，通过收集有力证据，加大对诱拐、胁迫、控制和操纵未成年人乞讨、盗抢等幕后操纵者的打击力度。掌握流浪未成年人的基本信息，进一步建立完善登记制度，增强管理工作信息化、科技化含量，提高管理水平，增强打击利用流浪乞讨进行违法犯罪活动的效果。对流动未成年人聚集和活动较为集中的城中村、城乡结合部、车站、码头、铁路沿线的出租屋、中低档旅店和工棚工地进行重点整治，注意疏导、劝阻乞讨流浪未成年人，引导、护送他们到救助保护机构接受救助。

第六，进行流浪未成年人工作重点宣传和帮扶行动。各级共青团、关工委、妇联组织，要动员、组织青少年事务专职社会工作者、青年志愿者、巾帼志愿者和社会热心人士，参与对流浪未成年人的劝导、服务、教育、救助等工作。要把流浪未成年人工作纳入“希望工程”，组织志愿者定期进入未成年人救助保护机构开展谈心、心理咨询、法律咨询，积极推进志愿者“一助一”、“多助一”帮教活动。

第七，加大对受助流浪未成年人的救助和送返力度。对于公安部门解救的流浪乞讨未成年人和聋哑青少年，各级救助保护机构要及时接收，并予以妥善的临时性救助保护。及时联系其家人接领，让其尽早返回家庭。

第八，加强对流浪未成年人和孤儿救助工作的检查督促工作。各级流浪未成年人救助保护协调工作小组要对各地开展流浪未成年人和孤儿救助工作进行检查。重点检查地级市流浪未成年人救助保护机构和儿童福利机构的人员、编制、经费落实情况，流浪未成年人救助保护和儿童福利院工作开展情况，民政部印发的《流浪未成年人救助保护机构基本规范》和《儿童社会福利机构基本规范》的贯彻落实情况。

第五章
农村孩子的司法保护

1999年6月28日第九届全国人民代表大会常务委员会第十次会议通过的《中华人民共和国预防未成年人犯罪法》对预防未成年人犯罪的教育、不良行为的预防和矫治以及未成年人对犯罪的自我防范等都作出了具体的规定："对于违法犯罪的未成年人，我国实行教育、感化、挽救的方针和教育为主、惩罚为辅的原则。"这是我国对违法犯罪的未成年人司法保护的基本指导思想。

第一节　预防农村孩子犯罪

现今人们将未成年人犯罪、吸毒和环境污染并称为"三大公害"。未成年人犯罪已成为一个不容忽视的社会问题，如何预防和减少未成年人犯罪就显得尤为重要。

一、未成年人违法犯罪的特点

从司法实践来看，未成年人犯罪大体有以下特点：

一是违法犯罪趋于低龄化。十四五岁就违法犯罪，有的甚至做出大案要案。

二是犯罪类型越来越多。以侵财性犯罪为主，如盗窃、抢劫、敲诈等。此外伤害、杀人、绑架、强奸等恶性案件也时有发生。

三是犯罪动机简单，没有明确作案目的。一般没有事先预谋，多属一时冲动，有的出于好奇、自我表现和要求偏激，常有一定的盲目性和随意性。

二、未成年人犯罪的原因

未成年人犯罪问题，是个非常复杂的社会问题，它产生的原因也是多方面的。既有主观方面的原因，也有客观方面的原因，不仅有自身的原因，而且还有学校方面的原因，更有社会和家庭方面的原因。从客观上讲，家庭、社会、学校对未成年人造成的负面影响成为其违法犯罪的动因。

1. 自身因素

自身素质的好坏是决定其是否违法犯罪的关键。由于未成年人正处于人生观、价值观、世界观形成时期，面对纷繁复杂的事物，往往缺乏辨别是非和真伪的能力。特别是一些未成年人由于自身素质不高，抵御能力差，又没有树立正确的世界观、人生观和价值观，整天游手好闲、无所事事，有时连最起码的生活需要和人格尊严都得不到满足，再加上缺乏正确的法制观念，一旦受到外界因素的影响、刺激，便很容易走上犯罪道路。

2. 家庭因素

父母是未成年人的启蒙老师，家庭是未成年人的第一课堂。《三字经》有这样一句："养不教，父之过。"因此，正确的家庭教育对未成年人的健康成长极其重要。不正确的家庭教育对未成年人的心理和行为起着潜移默化的作用，会造成未成年人形成不正确的人生观和价值观，性格缺陷，养成不良习性。具体表现在：

一是父母文化程度不高，不会管，出了问题，不是耐心细致地说服教育，而是开口就骂、动手就打；

二是父母没有从早期教育入手，加强对子女的管理教育，使子女逐步养成不良习性，父母想管又管不了；

三是父母对子女失去信心，也不愿管，便顺其自然，放任自流；

四是由于父母的离异，导致有些孩子被抛弃，从而流浪街头，无家可归，久而久之，使他们孤独、自卑、怨恨、狂妄，极易被坏人所利用从而走上犯罪道路；

五是有些父母自身行为不端直接影响孩子去效仿父母，小偷小摸，打架斗殴，正所谓“上梁不正，下梁歪”。

3. 学校因素

未成年人犯罪除了家庭和社会的原因外，学校教育不当也有不可推卸的责任。主要是教育思想和教育理念，还没有完成从应试教育到素质教育的真正过渡。由于我国教育体制和高考这个指挥棒的作用，各个学校不同程度地存在片面追求升学率的倾向。教师、学生和家长都无法从应试教育中解脱出来。少数教师对后进学生缺乏爱心，教育方法简单，鼓励表扬少，批评指责多。有时造成后进学生校门、家门两难进的局面。“破罐子破摔”，他们在校外寻找“知己”，极易走上犯罪道路。

学校教育对未成年人的成长至关重要。学校教育方法不当，是导致一些未成年人流向社会、走向犯罪的重要因素。学校在对未成年人的道德和法制教育上作了很多努力，但仍存在一些缺陷，具体表现在：

第一，缺乏长期规范的法制教育。部分学校存在注重文化教育忽视德育教育，把考试成绩作为评选先进班级、优秀教师的首要条件。教师因此把升学率作为硬任务，思想教育是软任务。因而工作中不能做到教书与育人并重。

第二，有的教师育人方法单一，不注重学生的心理问题，缺少心理疏导的措施和方法。有的教师教育方法缺乏科学，有的采取变相体罚，致使一些学生弃学、辍学，流浪社会，产生抵触和仇视情绪，引发犯罪。

第三，对学生处分缺乏慎重考虑和处分后对处分生放弃教育。对违反校规校纪的学生进行处分，是教育、挽救学生的一种手段，若运用得当，可以对有不良行为的学生起到警告、震慑作用，使之不敢、不会再犯；若运用不妥，则会使受处分的学生产生悲观、消极情绪，从此自暴自弃，最终走向犯罪。

4. 社会因素

社会中的消极因素是未成年人走上违法犯罪的催化剂。未成年人正是人生观、价值观、世界观逐步形成的时期，也是人生中最富于变化而不稳定的时期，极易受社会不良风气的污染、侵蚀和危害。由于受黄色音像制品和淫秽书刊及不良网络内容的诱惑，正处于生长发育期的未成年人常萌发尝试、模仿的念头。我国《未成年人保护法》第三十六条规定，中小学校园周边不得设置营业性歌舞娱乐场所、互联网上网服务营业场所等不适宜未成年人活动的场所。营业性歌舞娱乐场所、互联网上网服务营业场所等不适宜未成年人活动的场所，不得允许未成年人进入，经营者应当在显著位置设置未成年人禁入标志；对难以判明是否已成年的，应当要求其出示身份证件。但有一些游戏厅、歌舞厅、录像厅和网吧，为了赚钱，便无视法律、法规的存在，诱导未成年人沉湎于此，使他们心灵遭受毒害，理想被严重扭曲，为满足自己的超前消费和感官刺激，而逐步走向犯罪。以权谋私、贪污受贿和走后门拉关系，使一些未成年人也耳濡目染而违法犯罪，他们受家庭环境影响，相信“权大于法”，依靠自己的家庭势力为所欲为，肆无忌惮。另外，媒体的一些比较具体的宣传报道，虽然有正面的法制教育的作用，但过于细致地宣扬和描写，使一些未成年人纷纷模仿，讲“哥们义气”，把它作为处事和衡量友谊的一个标准，为朋友“两肋插刀”，跪拜结盟，打打杀杀，危害社会。

三、预防未成年人犯罪的对策

未成年人犯罪是一个社会问题，其产生的原因是多方面的，可以说是一种社会“综合征”。我们更应依靠全社会的力量，加强家庭、学校、社会各方面力量的有机结合，构成预防未成年人犯罪的网络，形成整体合力，进行综合治理。《联合国预防少年犯罪准则》第二条规定：“要成功地预防少年违法犯罪就需要整个社会进行努力。”我国《预防未成年人犯罪法》中也明确指出：“预防未成年人犯罪，在各级人民政府领导下，实行综合治理。”针对前文对未成年人犯罪原因的分析，现总结并提出以下预防对策：

1. 自身预防

未成年人应该加强自身素质的培养和提高，增加抵御犯罪感染的能力，这是预防未成年人犯罪的根本性措施。提高未成年人知识水平和道德素质的培养，是预防犯罪的基础。未成年人尽管处于识别能力和自控能力都比较差的阶段，但对于真善美与假恶丑还是有一定的分辨能力的。我们应当培养他们遵守法律、法规及社会公共道德规范的观念，树立正确的世界观、人生观，以及自尊、自律、自强的意识，增强辨别是非和自我保护的能力，自觉抵制各种不良行为及违法犯罪行为的引诱和侵害，才能使他们用理智控制自己的情绪，用法规、道德规范和约束言行。当然，这需要和后面要谈的家庭预防、学校预防相结合，才能产生更好的效果。

2. 家庭预防

家庭是社会的细胞，是未成年人生活、学习的摇篮，家长是子女的第一任教师，从某种意义上讲，家长的素质，影响了子女的素质，良好的家庭教育，对预防未成年人违法犯罪具有十分重要的作用。培养、教育子女是父母应尽的责任和义务。只养不教，是父母的失职；教子不善，则是父母的罪恶。未成年人父母应当主动地进行各种知识的学习，不断地增强作为监护人应具备的育人素质。家庭环境的优劣，父母的教育方法、道德观念和行为规范，都直接影响着孩子的成长，对孩子品行的形成起着潜移默化的作用。一个和睦的家庭，父母教育得当，能够培养孩子养成良好的生活习惯，树立正确的世界观和人生观，从而有效地防止其犯罪心理和行为的产生。家庭要创造健康向上的生活环境，给孩子以潜移默化的良性熏陶，引导他们把课余时间的旺盛精力投入到有益的正当活动中去。家长也要学习未成年人心理学、教育学、法律知识，提高自身素质和法制意识，培养高雅的兴趣爱好，注重言传身教，与子女建立平等、民主、相互尊重、充满善意的关系，创建良好的家庭氛围，认真履行对未成年人的监护职责和抚养义务，学校和社会也要制订切实可行的计划和措施来提高家长的素质，比如学校或社区开办“家长学校”，或有关部门和家长签订责任状等形式，明确家庭、父母对子女的教育责任。

3. 学校预防

学校教育必须坚持德育为首的原则。把德育教育落实到学生教育的每一环节上，落实到教师的工作实际中。学校所有教职工都是德育工作者，要真正履行德育教育职责。学校不仅要关心品学兼优的尖子生，同时还要给后进生更多的关爱。在具体工作中必须从以下几方面做起：一是学校的法制教育必须长期化、制度化。二是加强学生的道德教育。未成年人的违法犯罪往往是从不遵守道德规范和社会公德开始的，学校要抓住未成年人品德、个性、世界观、人生观形成的关键时期，加强思想道德和社会公德教育，使他们树立正确的世界观、人生观和价值观，树立远大的理想和志向，形成良好的道德风尚和高尚的道德情操。三是努力提高教师的法律素质，决不允许出现体罚学生的现象，使每一个教师都真正担负起教书育人的重任。

学校的根本作用在于“传道授业解惑”。更具体地说，学校能指导学生了解他们应尽的公民义务、犯罪的性质、遵守纪律的重要性、犯罪的种种后果、刑事司法制度的工作情况以及预防犯罪的方式。充分发挥学校育人的作用，让未成年人在学校就树立正确的人生观、价值观和世界观。那么他就可能成为一个情操高尚，对国家、社会有益的人；否则，如果学校教育不力，他就有可能走上歧途，甚至违法犯罪。因此学校应采用多种方式教育陶冶未成年人的德行。学校是向未成年人传授知识的场所，无论在教育的力量上、教育内容上、教育形式和教育时间上，都优越于其他场所，学校教育要加强德育教育，把德育教育放在与文化教育同等重要的位子。

未成年人的成长，需要教育表扬，也需要批评帮助。教师要与时俱进，改善育人方法，奖励美德、荣誉的奖金总是用之不竭，一本万利的。而教师惩戒学生的手段也不可少（不是指体罚），但要合理而适度，不要把处分学生看作是单纯“惩戒”的手段，而应本着教育的目的，结合思想工作一道去做。教师要善于以身作则，通过个人良好的人格魅力影响学生。努力提高教师素质，尤其注重教师政治素质和师德的培养。

要抓好学生的法制教育。法制教育应经常化、制度化。学校法制课要作为必修课，配备专门的法制课教师。不仅要搞好课堂教学，同时还要利用课余时间，对学生进行丰富多彩的法制教育活动，通过长期重复和强化其思维方式树立法制意识。教育学生当自己遭遇不法侵害时，要及时向家长、教师汇报，要放宽心胸，有事不要藏在心里，要说出来，要学会去跟别人沟通，不逞一时之能。增强自我防卫能力和自我保护意识。

4. 社会预防

要动员全社会的力量，为未成年人健康成长创造良好的社会环境。有关部门要建立预防未成年人违法犯罪的联席会议制度，研究制订未成年人法制教育计划，指导学校法制副校长队伍建设，加大未成年人法制教育力度。同时要加强对学校周边环境的治理，学校附近的游戏厅、录像室、网吧等不健康场所，要坚决关闭，其他未成年人娱乐场所要从严管理，规范运作。

未成年人违法犯罪，是我们最不愿看到、却又无法回避的社会现实。它不仅直接危害着年轻一代的健康成长，而且严重影响着社会的稳定。加强未成年人普法教育，遏制未成年人违法犯罪，推进依法治国方略，维护社会稳定的责任重于泰山，是整个社会的共同责任，需要我们每一个人共同努力。

社会应采用多种措施保障未成年人健康成长的外部环境。要做到以下几个方面：

（1）保护性预防。保护性预防是指国家和社会各方面的力量以保护未成年人健康成长为目的而采取的各种措施。这些措施主要包括：应加强有关未成年人保护的立法工作；为未成年人健康成长提供良好的物质条件；防止未成年人沾染不良习惯；禁止侵蚀未成年人思想品德信息的传播；打击教唆、引诱、胁迫未成年人犯罪的犯罪活动。

（2）堵塞性预防。堵塞性预防是指通过堵塞各方面工作的漏洞，减少和消除实施犯罪的条件，达到犯罪预防的措施。主要包括：加强学校、家庭对未成年人的教育，教育未成年人树立正确的人生观、世界观；加强人口流动量大且人口密集区域与僻静、空旷地段的管理；加强对流动人口的管理；加强职业道德教育等。

（3）控制性预防。控制性预防是指各种针对有明显犯罪倾向或轻微违法犯罪行为的人采取的帮助、教育、挽救措施。主要包括：成立帮教小组；送工读学校教育；加强少年法庭的工作；回访考察等。

（4）改造性预防。改造性预防指政法机关以生产劳动为主要手段，加以思想政治教育、文化技术教育，使有违法犯罪的人改邪归正，成为遵纪守法的劳动者。在劳动改造时，应结合未成年人犯罪的特点与原因，要重点进行思想教育，以彻底从思想上使失足未成年人得以改造，真正成为自食其力遵纪守法的劳动者。

犯罪的产生不仅要有引发犯罪的诱因，同时还要具备一定的主客观条件。因此，可以从以下两方面减少犯罪的可能。

第一，加大打击力度，净化未成年人健康成长的社会环境。要采取切实有效的措施，防止“黄色”、“灰色”和“黑色”这“三大污染”对未成年人的感染和侵害。坚决禁止含有色情、暴力等音像制品的传播，严厉打击制黄、贩黄的不法之徒，坚决取缔那些有色情内容的游戏厅、录像厅、歌舞厅、发廊和网吧等；还要加大惩腐力度，优化社会风气，为减少和控制未成年人犯罪创造条件。在打击的同时，要注意丰富社会主义文化，给未成年人提供更多健康活泼的活动场所和更适宜未成年人、受其青睐的优秀文化产品，用健康向上的“精神产品”占领未成年人的思想文化阵地，提高他们的文化素养和鉴赏能力，在其思想上筑起一道牢固的精神防线，抵制“黄、灰、黑”的影响和侵蚀。

第二，加强文明社区、文明村镇建设，给未成年人一个良好的成长环境。人的发展，智慧的发展是靠他自己与周围环境发生相互作用而慢慢构建起来的。所以未成年人的周围环境对他的成长起着重要的作用。以村镇为依托，经常性地开展健康、高雅的活动，经常邀请有关部门对辖区群众进行普法等其他知识的学习，提高人民群众素质。让未成年人的才智有地方发挥，兴趣有条件满足，才能促进未成年人的健康成长，消除各种诱发犯罪的因素。加强精神文明建设，营造一个清新、干净、文明、活力的环境。

5. 司法预防

目前，学校法制教育相对落后，也是造成学生法制观念淡薄，导致未成年人犯罪的一个重要原因。法制教育课老师基本上是非法律专业毕业生，而且多数由政治老师兼任，这样就不可避免地出现解释法律知识准确程度不高的问题，上课也只是为了应付考试而让学生死记硬背。另外，法制教育也只是停留在法律知识的传授上，不能使学生形成与法律规范的要求相适应的价值观，不能使法律规范的要求内化为学生自己的需要和行为，不能使学生用法律规范约束自己的行为、形成守法的行为习惯，没有收到预防犯罪的效果，反而让一部分学生由于了解法律规定而钻法律的空子，心怀侥幸，而走上犯罪道路。

完善立法是预防未成年人违法犯罪的根本途径。许多国家都是采取法律的手段规范未成年人的行为，以达到预防犯罪的目的，而且在这方面都作了较为详细的规定。我国虽然在1992年就实施了《未成年人保护法》，又在1999年实施了《预防未成年人犯罪法》，填补了我国少年司法的空白，保护了未成年人的合法权益。但是现有法律、法规由于线条过粗，规定过于笼统，操作起来难度较大。因此，许多未成年人家长和有识之士，呼吁有关部门要在进一步完善立法的基础上，制定切实可行的防范措施，使预防未成年人违法犯罪工作真正做到有法可依。

预防未成年人犯罪是一项紧迫而艰巨的工作，只有在党政组织领导下，实行对未成年人犯罪预防的综合治理，充分利用政治、经济、法律、行政、教育、文化等手段，不断改善社会风气，消除各种消极影响，才能达到预防和减少未成年人犯罪的目的。

第二节　坚持教育、惩罚相结合的原则

《未成年人保护法》第五十四条规定："对违法犯罪的未成年人，实行教育、感化、挽救的方针，坚持教育为主、惩罚为辅的原则。对违法犯罪的未成年人，应当依法从轻、减轻或者免除处罚。"

近年来，未成年人犯罪已成为我国刑事犯罪领域的一个热点问题，未成年人作为一个特殊的犯罪群体越来越受到社会各界的普遍关注，保

护未成年犯罪嫌疑人、被告人及未成年犯（以下统称未成年犯罪人）的合法权益的呼声日益高涨。在这种形势下，目前，一套旨在在刑事司法领域保护未成年犯罪人的法律制度正在逐步建立起来。经过多年的总结和完善，“教育为主、惩罚为辅”的原则无疑是当前保护未成年犯罪人的最有力的法律保障。因此，能否正确地理解、适用并不断完善这一原则，直接关系到能否在刑事司法实践中真正有效地保护未成年犯罪人的合法权益，实现教育和挽救未成年犯罪人的立法目的。

一、“教育为主、惩罚为辅”原则的法律地位

“教育为主、惩罚为辅”原则是当前我国司法领域矫治未成年犯罪人的一项最重要的法律原则，是对未成年犯罪人进行司法保护的基本指导思想。“教育为主、惩罚为辅”原则的提出并经过司法实践的不断充实、完善，最后发展成为一项重要的刑事法律原则，应该说是我国法制建设过程中不断摸索、总结而取得的一个重大成果。

1991年《未成年人保护法》第一次明确提出了“教育为主、惩罚为辅”原则，从而以法律的形式肯定了“教育为主、惩罚为辅”原则在我国法律体系中的地位。同年，最高人民法院颁发了《关于办理未成年人刑事案件的若干规定（试行）》，最高人民法院、最高人民检察院、公安部、司法部联合下发《关于办理少年刑事案件建立互相配套工作体系的通知》，最高人民法院、国家教育委员会、共青团中央委员会、中华全国总工会、中华全国妇女联合会联合下发《关于审理少年刑事案件聘请特邀陪审员的联合通知》。这“一规定、两通知”都充分体现了“教育为主、惩罚为辅”原则的主要思想，为“教育为主、惩罚为辅”原则的提出及其法律地位的巩固起到了积极的促进作用。1995年，《最高人民法院关于办理未成年人刑事案件适用法律的若干问题的解释》、《公安机关办理未成年人刑事案件的规定》、《审查起诉未成年人刑事案件试行细则》的相继出台，进一步将“教育为主、惩罚为辅”原则具

体化，为公检法三机关在办理未成年人刑事案件的过程中坚持“教育为主、惩罚为辅”原则作了详细的规定；另一方面，也在立法上为未成年犯罪人提供了强有力的司法保护。1997年刑法将“惩办与宽大相结合”的刑事政策删除，代之以处理未成年人犯罪案件的两条重要刑事原则，即“从宽处罚原则”和“不适用死刑原则”，体现了新刑法在对未成年人犯罪案件的处理上与“教育为主、惩罚为辅”原则的一致性。1999年颁布实施的《预防未成年人犯罪法》再次将“教育为主、惩罚为辅”原则纳入其中，并为“教育为主、惩罚为辅”原则注入了新的功能，使之更全面、更完善。2001年，最高人民法院《关于审理未成年人刑事案件的若干规定》为人民法院审理未成年人刑事案件作了更加详细的规定，并再次强调了审判未成年人刑事案件必须坚持“教育为主、惩罚为辅”的原则。至此，从我国目前的刑事法律体系来看，“教育为主、惩罚为辅”原则作为一项重要的刑事法律原则的地位已经是不容置疑的了，关键是如何在司法实践中正确理解、适用和完善。

二、“教育为主、惩罚为辅”的主要内容

所谓“教育为主”，就是要求司法机关在办理未成年人刑事案件时，要充分考虑到未成年人特有的年龄特征及生理、心理特征，在办案过程中对未成年人进行有针对性的教育，以达到“感化和教育”的目的。所谓“惩罚为辅”，不等于不惩罚，但惩罚的目的是为了使未成年犯罪人吸取教训，改过自新。惩罚只是辅助手段，教育和挽救才是根本目的。值得强调的是，“教育为主、惩罚为辅”原则里面还蕴涵着一个重要的立法思想，那就是：在刑事司法领域对未成年人的特殊保护。

首先，未成年人在生理和心理上都还发育不成熟，辨认和控制能力都比较差，加上法律意识淡薄，很容易因受到外界的影响或受到不良的诱惑而走上犯罪道路。许多未成年人犯罪后都悔恨不已，都有强烈的痛改前非的决心。从这一角度来看，未成年犯罪人具有很大的可塑造性，易于

接受教育和改造。

其次，未成年人是祖国的未来，是民族的希望，对违法犯罪的未成年人进行教育改造，使他们成为服务社会、建设国家的有用之才，在很大程度上减少了社会不稳定的因素，有利于国家的富强和社会的安定。同时，也体现了党和国家对未成年人的关爱，体现了社会主义制度的优越性。

正因为如此，在刑事司法实践中必须注重对未成年人的保护。所以，在贯彻"教育为主、惩罚为辅"原则时，应当充分考虑到"保护未成年犯罪人"这一本质性的内涵，不能只是为了教育而教育，为了惩罚而惩罚，而全然忽略了对未成年犯罪人的保护。

总之，"教育为主、惩罚为辅"原则是一项比较灵活的法律原则，其所蕴涵的思想、内容不是僵化不变的，而是随着我国未成年人刑事法律制度的不断健全而不断得到充实和完善。在当前的历史条件下，充分保护未成年人的合法权益，通过教育来感化和挽救未成年犯罪人，是"教育为主、惩罚为辅"原则的最核心的内容。

三、"教育为主、惩罚为辅"原则在司法实践中的具体运用

"教育为主、惩罚为辅"原则作为司法机关办理未成年人刑事案件的一项重要的法律原则，其在司法实践中具有很重要的指导作用。但从当前的情况来看，"教育为主、惩罚为辅"原则在司法实践中的适用状况不容乐观。1991年，最高人民法院、最高人民检察院、公安部、司法部联合下发的《关于办理少年刑事案件建立互相配套工作体系的通知》中指出："为了进一步贯彻对违法犯罪少年教育、感化、挽救的方针，完善具有中国特色的少年司法制度，要求建立起公安、检察、法院、司法行政部门相互联系、相互衔接的司法工作体系。"同时还规定："公安机关、人民检察院要设立专门机构或指定专门人员办理少年刑事案件；人民法院应当设立少年法庭或指定专人负责办理少年刑事案件……"然

而，直至今天，还有许多地方的公安机关、人民检察院、人民法院都还没有按此规定设立专门机构或指定专人来办理未成年人刑事案件。单单就这一点，已经足以令人担忧。

例如，最高人民法院《关于审理未成年人刑事案件的若干规定》中，规定了审判长、合议庭成员、人民陪审员、公诉人、辩护人及法定代理人在整个审理过程中，都要共同参与对未成年被告人的教育，做到寓教于审；规定未成年被告人的法定代理人在诉讼中享有申请回避、辩护、发问、提出新证据、要求重新鉴定或勘验、提出上诉等诉讼权利；规定了开庭审理时，人民法院应当在辩护台靠近旁听区一侧为未成年被告人的法定代理人设置席位等。这些规定都突破了刑事诉讼法的规定，突出了对未成年被告人的特别照顾，充分体现了“教育为主、惩罚为辅”原则。但是，在司法实践中，这些规定并没有得到很好的落实。所以说，人民法院在贯彻执行“教育为主、惩罚为辅”原则方面，还是有待进一步完善的。

此外，“教育为主、惩罚为辅”原则的根本思想要求各司法机关在办理未成年人刑事案件的过程中还要注意解决一个相互衔接、相互配合的问题。从目前的司法现状来看，这个问题显然还没有引起重视。在司法实践中，我们常常遇到这样的尴尬局面：根据最高人民法院关于制作未成年人刑事法律文书的有关规定，人民法院应当将未成年被告人犯罪前后的表现情况载入裁判文书当中。《关于审理未成年人刑事案件的若干规定》第二十一条还规定：“开庭审理前，控辩双方可以分别就未成年被告人性格特征、家庭情况、社会交往、成长经历以及实施被指控罪名的犯罪前后的表现等情况进行调查，并制作书面材料提交合议庭。”但是，实践中，控辩双方对未成年被告人犯罪以外的表现情况调查甚少，更没有专门制作相应的书面材料提交合议庭。这样一来，人民法院在制作裁判文书时就处于两难的境地，欲将未成年被告人犯罪前后的表现情况写入裁判文书中，又苦于没有材料，仅凭未成年被告人在法庭上的陈述又缺乏客观真实性；要是不写，则不符合最高人民法院的有关规定。

从立法的角度来看，目前，我国关于办理未成年人刑事案件的法律体系可以说是相对全面的了。也就是说，“教育为主、惩罚为辅”原则在司法实践中的具体运用已经有了相对完善的法律保障。但是，仅仅有法律保障是不够的，如果法律在司法实践中得不到贯彻和执行，那么，“有法”也就相当于“无法”。因此，司法机关在司法实践中不能抛开有关法律、规章和司法解释来办理未成年人刑事案件，否则，再怎么强调“坚持‘教育为主、惩罚为辅’的原则”也等于空谈。就当前的状况而言，简单地说，坚持“教育为主、惩罚为辅”原则就是要依法办案。

第三节　对未成年人的民事司法保护

我国历来重视青少年特别是未成年人合法权益的司法保护。《宪法》规定：“婚姻、家庭、母亲和儿童受国家的保护。”全国人大表决通过并正在实施的《国民经济和社会发展第十一个五年规划》也要求：“坚持儿童优先原则，实施儿童发展纲要，依法保障儿童生存权、发展权、受保护权和参与权。”自2007年6月1日开始实施的、修订后的《未成年人保护法》更是明确规定：“未成年人享有生存权、发展权、受保护权、参与权等权利，国家根据未成年人身心发展特点给予特殊、优先保护，保障未成年人的合法权益不受侵犯。”

一、监护制度与诉讼主体的确定

监护制度是针对未成年人而设立的一种法律制度，直接关系到有关未成年人民事案件中诉讼主体的确定。根据我国现行法律及司法解释的规定：“在未成年人合法权益受到侵害或者与人发生争议时，由监护人代理其进行诉讼；在未成年人造成他人损害时，由监护人承担民事责任。”所谓诉讼主体问题，简而言之，就是“谁起诉”和“起诉谁”的问题，这是未成年人民事案件面临的首要问题。多数情况下，诉讼主体的确定以监护人的确定为前提，如果不能确定监护人，未成年人在合法权益受到侵害时甚至无法启动司法救济程序。

根据我国现行法律的规定，监护人大体可分为两类，即法定监护人和意定监护人。法定监护人可分为两种情况，即法定亲属监护人和法定单位监护人。法定亲属监护人是指在一般情况下由未成年人的父母担任监护人；未成年人的父母死亡或者没有监护能力的，由祖父母、外祖父母、兄、姐等近亲属中有监护能力的人担任监护人。法定单位监护人是指在没有法定亲属监护人和意定监护人的情况下，由未成年人的父母所在单位或者未成年人住所地的基层群众自治组织或者民政部门担任监护人。所谓意定监护人，是指在未成年人父母死亡或者没有监护能力的情况下，关系密切的其他亲属、朋友愿意承担监护责任，并经未成年人父母所在单位或者未成年人住所地基层群众自治组织同意而成为该未成年人的监护人。

就未成年人民事案件诉讼主体的确定而言，现行监护制度主要存在以下两个方面的问题：一方面，在未成年人只有法定单位监护人的情况下，当未成年人合法权益受到侵害时，谁来代表未成年人提起诉讼？当然，如果法定单位监护人中的任何一个单位代表未成年人提起诉讼，法院完全可以确认其诉讼主体资格有效。问题在于，如果这些单位都不提起诉讼怎么办？《民事诉讼法》第五十七条规定：“无诉讼行为能力人由他的监护人作为法定代理人代为诉讼。法定代理人之间互相推诿代理责任的，由人民法院指定其中一人代为诉讼。”另一方面，在未成年人只有法定单位监护人的情况下，如果该未成年人侵犯了其他未成年人的合法权益，受害未成年人起诉谁来承担民事责任？最高人民法院《关于贯彻执行〈民法通则〉若干问题的意见（试行）》第一百五十九条规定：“被监护人造成他人损害的，有明确的监护人时，由监护人承担民事责任；监护人不明确的，由顺序在前的有监护能力的人承担民事责任。”

二、未成年人民事案件的地域管辖

民事案件的地域管辖，对于原告来说，直接关系到诉讼成本及其行使诉讼权利的便利程度，对于未成年人原告就更是如此。况且，未成年人原告到异地诉讼，不仅涉及经济问题，而且还涉及安全保障问题、影响受教育问题等。

现行《民事诉讼法》及相关司法解释中关于地域管辖的规定均没有充分考虑未成年当事人的特殊情况。最高人民法院《关于适用〈民事诉讼法〉若干问题的意见》（以下简称《意见》）第十条规定：“不服指定监护或变更监护关系的案件，由被监护人住所地人民法院管辖。”尽管该规定只适用于不服指定监护或变更监护关系的案件，但是已经体现了未成年人民事案件地域管辖的特殊性。此外，《意见》第九条规定：“追索赡养费案件的几个被告住所地不在同一辖区的，可以由原告住所地人民法院管辖。”老年人和未成年人同属弱势群体，涉及老年人的案件在地域管辖方面可以有特别规定，那么涉及未成年人的案件也同样可以。

依据《未成年人保护法》的规定和最高人民法院上述《意见》的精神，至少以下三种案件可以考虑由未成年人所在地（即原告所在地）管辖：第一，父母离婚后，未成年人向在异地的、负有抚养费给付义务的父或母一方提起有关抚养费的诉讼的；第二，未成年人在异地遭受交通事故或者其他人身伤害而提起赔偿诉讼的；第三，未成年人的肖像权、名誉权、荣誉权受到侵害而提起诉讼的。

三、离婚案件中对未成年人在子女抚养问题上的意见

子女抚养问题是离婚案件中的重要问题，直接关系到子女的切身利益和健康成长。依据现行《婚姻法》及相关司法解释的规定，人民法院在

审理离婚案件时就子女抚养问题确立了“从有利于子女身心健康，保障子女的合法权益出发，结合父母双方的抚养能力和抚养条件等具体情况妥善解决”的原则，这是十分正确的。相关司法解释甚至将“十周岁以上未成年子女，愿随另一方生活，该方又有抚养能力”作为准许变更抚养关系的条件。可见，在变更抚养关系的案件中，十周岁以上未成年人在子女抚养问题上的意见成了具有决定作用的因素。但这只是特例，目前，在涉及子女抚养的离婚案件以及相关的变更抚养关系、中止探视权等案件中，未成年子女的意见还没有得到全面、足够的重视。

早在1993年的相关司法解释中就规定：“父母双方对十周岁以上的未成年子女随父或随母生活发生争执的，应考虑该子女的意见。”该规定将十周岁以上未成年子女的意见作为确定直接抚养人应当考虑的因素之一，但是未说明未成年子女意见的重要性。修订后的《未成年人保护法》也明确规定：“人民法院审理离婚案件，涉及未成年子女抚养问题的，应当听取有表达意愿能力的未成年子女的意见，根据保障子女权益的原则和双方具体情况依法处理。”该规定取消了“十周岁”的限制，而是改为“应当听取有表达意愿能力的未成年子女的意见”，这虽然是一个进步，但仍然没有明确“有表达意愿能力的未成年子女的意见”能够在多大程度上影响子女抚养问题的最终结果。

根据《未成年人保护法》的立法趋势，结合《民法通则》关于无民事行为能力人和限制行为能力人的界限划分，为了更好地体现子女权益优先的原则，在离婚案件子女抚养问题以及相关的抚养权、探视权等案件中，应当将十周岁以上未成年子女的意见作为具有决定意义的因素加以考虑，不满十周岁但具有相应认知能力、辨别能力、表达能力的未成年子女的意见，也应当作为重要因素加以考虑。

四、未成年当事人的举证问题

证据在诉讼中的重要性不言而喻。最高人民法院《关于民事诉讼证据的若干规定》在确立了比较完善的证据规则的同时，也留下了法官行使自由裁量权的充分空间。比如证据规则有以下规定："在法律没有具体规定，依本规定及其他司法解释无法确定举证责任承担时，人民法院可以根据公平原则和诚实守信原则，综合当事人举证能力等因素确定举证责任的承担；当事人及其诉讼代理人确因客观原因不能自行收集的其他材料，可以申请人民法院调查收集证据，由人民法院决定准许或者不予准许；当事人在举证期限内提交证据材料确有困难的，应当在举证期限内向人民法院申请延期举证，经人民法院准许，可以适当延长举证期限。当事人在延长的举证期限内提交证据材料仍有困难的，可以再次提出延期申请，是否准许由人民法院决定。"

需要特别指出的是，《未成年人保护法》一直强调："保护未成年人，是国家机关、武装力量、政党、社会团体、企业事业组织、城乡基层群众性自治组织、未成年人的监护人和其他成年公民的共同责任。"司法机关作为国家机关，同样负有保护未成年人的责任。因此，在现行证据规则的框架下，在法官自由裁量权的范围内，完全可以而且应当在举证责任分配、申请法院调查收集证据、申请延期举证等方面给予未成年当事人更为宽容的特殊对待。

五、未成年当事人的律师费问题

在未成年人民事案件当中，有律师为未成年当事人提供法律服务是十分重要的，但律师提供服务就面临着一个律师费的问题。在目前的民事案件当中，胜诉方的律师费由败诉方承担，只存在于撤销权诉讼、商标权诉讼等个别案件中，大多数民事案件的胜诉方仍然要自己承担律师费。尽管《法律援助条例》规定了一些未成年当事人可以申请政府法律援助的情况，但如果能够建立一种未成年当事人胜诉后其律师费由败诉方承担的规则，无疑将鼓励更多的社会执业律师为未成年人提供法律帮助，这对于维护未成年当事人的合法权益具有重要的现实意义。

综上所述，在《未成年人保护法》明确规定对未成年人合法权益“给予特殊、优先保护”的背景下，在如何保护未成年人合法民事权益的问题上，司法实践部门不仅可以有所作为，而且应当有所作为。

第四节　对未成年人的刑事司法保护

未成年人违法犯罪是个复杂、重要的社会问题，处罚是否适当，将带来很多问题，而且我国对未成年人的矫正也非常重视，对此我国法律规定了相应的处罚原则，对未成年人给予宽大处理。

一、刑事和解是少年司法的最佳实现路径

在少年法理论上，首先，少年的生理、心理发育尚未成熟，知识、阅历有限，对是非缺乏判断力，犯罪偶发性比较大。对其处置在方法上应与成年人区别。通过刑事和解，一方面少年加害人能认识错误，吸取教训，实现加害恢复；另一方面避免了监禁带来的“交叉感染”和人格发展的严重障碍，使少年犯罪预防取得较好效果，减少未来犯罪的主体来源。在少年法的实践中，由于少年年少无知，相对于成年犯更容易得到被害人的谅解。在少年司法中推行刑事和解更容易缓和民众的刑罚报应观念，获得国民的理解与支持。

在少年法的立法上，首先，立法确认刑事和解，符合少年处罚非刑罚化的国际趋势，是很多国家的做法；其次，我国为履行少年司法国际准则，也需要建立附属性教育惩罚措施和刑罚替代措施。最后，最高人民法院于2005年12月颁布《关于审理未成年人刑事案件具体应用法律若干问题的解释》，从实体法层面进一步贯彻落实少年审判“教育为主、惩罚为辅”的原则。最高人民法院通过制定新的司法解释，从程序法层面确认刑事和解，把刑事和解作为一种补充性机制，纳入刑事诉讼中，适

用于少年司法领域是可能的和必要的。而现行刑事诉讼在刑事和解纳入后，将能更有效地处理一部分少年刑事案件。

所以，选择少年司法领域进行刑事和解的先行试验，可以较快得到价值认同和实际运用，是构建刑事和解的最佳路径。

二、刑事和解的适用确认

刑事和解的适用要求具备主观条件与客观条件。主观条件是被告人真诚悔罪和双方自愿和解。真诚悔罪是指被告人承认实施了犯罪，真心悔罪，愿意向被害人赔偿损失，并接受相应刑罚或非刑罚处罚。自愿和解是指被告人、被害人自主决定参加或退出刑事和解。客观条件则指案件事实与证据方面达到证明犯罪成立的基本要求。因为公诉程序蕴涵了公共利益的追诉愿望，责任的确定与承担必须以明确案件事实为前提。刑事和解只能适用于有明确被害人的犯罪。这里的被害人是指单个的人，并且以意识到自己被害为前提。没有明确被害人的犯罪，不能适用刑事和解。

刑事和解将被害人是否谅解、被告人是否赔偿作为降低刑罚的依据。如果不明确规定量刑降低幅度，可能导致类似案件的裁判结果相差悬殊。现阶段应规定，达成刑事和解后，应当对被告人从轻、减轻处罚。这样，被告人、被害人可以合理预期和解对刑事裁判结果的影响，从而根据自身利益作出理性的选择。

司法机关在刑事和解上不仅需要观念的认同，还需要制度的分工与制衡。在审查起诉阶段，检察机关在查明案情的前提下，应被告人或被害人请求，应主持刑事和解。如果起诉，和解协议是检察官提请法院从轻、减轻处罚的依据。在法院审理阶段，被告人或被害人提出和解请求的，法院应主持双方和解，和解协议是从轻、减轻处罚的依据。检察机关依法实施监督。

三、刑事和解与社区矫正的互动关系

社区矫正是与监狱矫正相对的行刑方式，是指将符合社区矫正条件的罪犯置于社区内，由专门的国家机关在相关社会团体和民间组织以及社会志愿者的协助下，在判决、裁定或决定确定的期限内，矫正其犯罪心理和行为恶习，并促使其顺利回归社会的非监禁刑罚执行活动。现在进行的社区矫正试点，是对管制、缓刑、假释、监外执行、剥夺政治权利并正在社会上服刑的“五种人”实施的非监禁刑罚执行活动。

社区矫正体现行刑社会化的发展趋势，是向法治文明迈出的一大步。如果说以自由刑取代肉体刑是刑罚执行方式的第一次飞跃，那么由监禁刑为主向非监禁刑过渡则是刑罚执行方式的第二次飞跃。社区矫正制度作为我国刑罚执行制度的一项重大变革，正成为推进我国司法改革进程中的热点之一。

刑事和解与社区矫正之间有着相辅相成、相互促进的密切关系。在刑事和解中，社区矫正发挥着重要的作用，表现为在刑事和解的司法模式下，通过刑事和解软化了对被告人的刑罚。被告人大多被判处管制、剥夺政治权利、缓刑或一定期限监禁后被假释，而转为实施社区矫正。在刑事和解的社区调停模式、转处模式和替代模式下，社区矫正具有刑罚替代措施的性质。因此，刑事和解赖以实施的前提是社区矫正制度的建立和完善。

对于社区矫正而言，刑事和解是扩大其适用范围的必然途径。无论在现阶段作为刑罚执行方式，还是在远期作为刑罚替代措施，社区矫正都必然受到刑罚适用之主体——人民法院的价值取向和审判实践的直接影响。人民法院在判处管制、单处剥夺政治权利等非监禁刑案件以及判处有期徒刑、拘役、宣告缓刑的案件和审理假释、暂予监外执行案件中，只有充分使用非监禁刑罚措施和减刑、假释等鼓励罪犯改造、自新的刑罚执行措施，才能为社区矫正提供发挥作用的机会。而达成刑事和解的案件，是最有可能判处管制、单处剥夺政治权利等非监禁刑以及宣告缓刑、假释、暂予监外执行的案件。因此构建刑事和解为方兴未艾的社区矫正提供了广阔的发展前景。而刑事和解与社区矫正相结合，将能更有效地应对日趋严重的青少年违法犯罪问题。

我国现行刑事司法是以国家起诉和追究犯罪人刑事责任为中心，并深受“探知真理”的职权主义诉讼模式的影响，在实践中出现被害人利益被忽略、犯罪人监禁改造不理想、司法成本过高等弊端。为了弥补这些缺陷，在刑事诉讼职权主义与当事人主义接轨的改革中，近期而言，有必要首先在少年司法领域确认刑事和解，允许被害人与少年加害人达成和解，尽可能通过社区对少年加害人进行矫正，以探索保护被害人、加害人和社区利益的新途径；远期而言，有必要构建完整的刑事和解制度和社区矫正项目体系，使社区矫正成为刑罚替代措施，使刑事司法程序具有人性化色彩，彰显以人为本的价值理念，从而在实质意义上保障刑事司法的公正与效率，在更高层次实现和谐、正义。

第六章 农村孩子的自我保护

1991年，第七届全国人民代表大会常务委员会第21次会议通过，2006年新修订的《中华人民共和国未成年人保护法》（以下简称《保护法》），以法律形式，对未成年人的“家庭保护”、“学校保护”、“社会保护”、“司法保护”等作了明确规定，在《保护法》中提出了“教育与保护相结合，国家、社会、学校和家庭应当教育和帮助未成年人运用法律手段，维护自己的合法权益”。我们做家长的，有责任让孩子懂得自己有哪些合法权益，在这些权益受到侵害时应该怎样用法律武器保护自己。建议家长首先认真学习《保护法》，法律中规定家庭应做的事情，依法做好；然后跟孩子一起学习《保护法》，对孩子在家庭、学校和社会所享有的权利逐条逐项弄明白。这样做，能使孩子和家长共同提高法律意识，适应法治社会的需要。

第一节　增强孩子的自我保护意识

自我保护能力是一个人在社会中保存个体生命的最基本能力之一。为了保证孩子的身心健康和安全，使孩子顺利成长，家长应该从孩子幼年时就加强对他们的自我保护教育，培养和提高孩子的自我保护能力。

往往对孩子限制得太多，反而会使孩子变得唯唯诺诺，没有自己的生活经验，遇到危险反应很慢，有时会造成更大的风险。对孩子限制得太少，又会使孩子变得太大胆，也可能会出危险。限制是保护也是束缚，父母要认真、努力地给孩子讲解限制的来龙去脉，尽到责任。

一、培养孩子的自我保护意识

1. 对孩子进行安全意识教育

孩子年幼无知，没有生活阅历和经验，他们不知道什么事情能做、什么事情不能做；什么地方能去、什么地方不能去；也不知道什么东西能玩、什么东西不能玩。对于某些事情他们偏偏喜欢做一些危险的尝试。家长若要真正说服孩子，就应该常向孩子进行一些安全意识教育，通过看电视、听故事以及让孩子亲眼所见由于不注意安全而导致灾难的事例，传授孩子一些简单的社会经验，进而向他们提出一些安全规则，讲清原因。如：要求孩子遵守交通规则，不乱闯红灯；父母不在家，不随便给陌生人开门；不携带小刀等危险物品上学等。通过这些教育使孩子明白做危险事情的后果，理解家长的限制是对自己的爱护，同时无形中也增强了孩子的自我防范意识。

2. 培养孩子生活自理的能力

在当今急剧变化的社会中，家庭结构和养育孩子的方式都有所改变。家长应注意让孩子独立面对困难，培养他们的独立自主性，养成良好的生活自理习惯，不要事无巨细，处处为孩子扫除障碍，使孩子养成依赖心理。如：可以让孩子学习穿衣服、系鞋带、叠被子；吃饭时会自己剔骨头。家长还应多创设机会，不断提高他们独立解决问题的能力。如：孩子拿不到玩具时，家长不要急于帮他把玩具拿到手，而应引导孩子先自己想办法拿；若经过努力还拿不到时，再引导孩子有礼貌地请别人帮忙。逐渐使孩子在劳动实践中建立良好的生活自理习惯，增强生活的自理能力。

3. 培养孩子健康的身体

在日常生活中，我们时常见到这样一种情况：一些体弱、内向的孩子活动时常会碰伤；而平时比较好动、顽皮、身体健壮的孩子却难以碰伤，家长们总觉得侥幸。体弱的孩子平时不爱活动，遇到危险时反应慢，灵活性差，动作不协调，容易受到伤害；而那些顽皮、健壮的孩子由于好动、灵活，遇到危险时反应快，能采取自救方法，因而受伤害就小。可见增强孩子的体能是提高孩子自护能力的重要途径。平时，家长应率先垂范，带孩子加强体育锻炼，以增强孩子的体质。如：春天可带孩子去野营；冬天可带孩子跑步、打球。让孩子有足够的时间和空间参加安排合理、动静交替、强度和密度协调搭配的体育活动，以增强孩子的身体素质，锻炼他们灵活、机敏、协调的动作，从而有效地避免意外伤害。

4. 培养孩子灵活机智的应变能力

要保证孩子的健康和安全，培养孩子的应变能力也是日常生活中一项重要的教育内容。这些应变能力具体表现在：一是适应周围环境变化的能力。如：知道随季节和早晚增减衣服；春天吃预防感冒的药。二是对突如其来事件的灵活处理。孩子有时候知道要注意安全，但不一定有能力去处理一些较危险的事情，这就需要家长平时有意识地训练孩子的自救技能。如：玩耍时不小心擦破皮应马上请求他人的帮助；在商店和父母走散了，可找商店的叔叔、阿姨或警察帮忙等。总之，家长应人为地创设一些问题情境，引导孩子想出各种自救方法使孩子掌握一些基本的应变能力。

据有关部门统计，我国中小学生每年意外伤害事故死亡人数在万人以上，平均每天有一个班的孩子因意外伤害事故死于非命。这是惊人的、惨痛的事实。有些事故，如乘车、坐船出事故，房屋倒塌，公共场所突然灾害等应由社会有关部门、学校努力预防，但有些事故则应教育孩子学会自我保护。

二、培养孩子在户外的自我保护能力

第一，教育孩子严格遵守交通规则，不逆行，不抢行，不闯红灯，不骑快车，不与同学比赛，不拉手搭肩，经常检查车闸灵不灵，不骑车带人。要以实际事例说明不遵守交通规则的危害。

第二，教育孩子在体育活动中注意安全。要按老师要求，做好准备活动，进行单杠、双杠、高低杠、木马、吊环等运动，一定要有人保护，不能单独做有危险的动作。掷铅球、手榴弹时，要躲开危险区域。游泳时量力而行，不要逞强，学会游泳再进深水。跳水要有人指导，不能盲目胡来。

第三，教育孩子在劳动中注意安全。有些劳动使用各种工具，最易出事故。教育孩子听清指导者的说明，按操作要领干活，不可蛮干。有些化学制品会有毒性，不能乱动。

第四，教育孩子上学放学、外出办事尽量走大路，少走僻静小路。如走僻静小路，最好结伴而行。如遇坏人打劫，尽快避开，跑向人多的地方，同时大声呼救。

第五，教育孩子如在外发现火灾、有人溺水等要大声喊人，不要自己去救火，不会游泳，千万不能下水救人。

第六，预防精神污染，避免孩子受骗上当。

教育孩子在精神领域学会保护自己。现在社会上乱七八糟的东西很多，报纸、图书、杂志、电影、录像、录音，都有不健康的东西腐蚀青少年儿童。家长要经常跟孩子讨论什么是健康的，什么是有毒害的，提高孩子的鉴别能力。要自觉抵制不健康的东西，有人诱惑，要勇敢拒绝。家长更要以身作则，洁身自好，以良好言行保护孩子的纯洁心灵。

教育孩子识别骗子的骗术，不受骗上当。现在，社会上有一些不法分子专门骗孩子的钱，甚至诱惑孩子走歪门邪道。有的骗子诱惑孩子赌博，有的以赊账的方式卖给孩子吃的东西和玩具，有的用讲故事的方法散布封建迷信或淫乱思想，有的组织孩子去捡废品挣钱，有的向孩子兜售摇头丸、迷幻药等毒品……家长要给孩子分析这些社会现象，告诉他这些坏人、骗子的真实面目。遇到这类事，一定动脑子想一想，绝不盲从。回家以后要跟家长说清楚，还要跟老师汇报。

现在还有许多拐卖儿童的不法分子，他们常常在孩子单独行动时，以认识孩子父母或亲友、带孩子出去玩儿等为由拐骗孩子。家长要明确告诉孩子：不能跟陌生人到任何地方去，如果是认识的人也表示要回家告诉爸爸妈妈，如果有人强制干什么就大声呼救。

进行自我保护教育的内容很多，家长应从实际出发，在生活中随时进行教育。要多给孩子讲实例，加深孩子印象。讲自我保护方法要简明、具体，有操作性。因此，培养孩子学会自我保护，可以使孩子避免或者减少意外事件的发生，从而让孩子茁壮成长。

第二节　增强孩子的法律意识

通过法制宣传教育，增强少年儿童学法、维权、自护意识，有效防范在生活中可能遇到的侵权及不安全事件。引导他们深入思考，把生活中学到的法律常识、自护技能或维权经历等记下来，将会受益匪浅。

法律在我们的生活中占有十分重要的地位，可以说生活中处处有法，任何人都离不开法。作为跨世纪的一代公民，学点法律知识就显得尤为重要。我们少年儿童通过学法，明确了不少的道理，掌握深刻的知识，能明确社会一些基本的事理和人与人相处的基本的原则：即以法律为依据，以法律为准绳。

第一，通过学法，可以提高我们辨别是非的能力，最起码可以懂得什么事该做，什么事不该做。

第二，通过学法，可以使我们从小树立法制观念，养成依法办事，依法行使个人权益的习惯。

第三，通过学法，可以充分运用法律的武器来保护自己，维护自己的合法权益。

特别是我们未成年人，可以充分利用现行的《义务教育法》、《未成年保护法》、《教育法》和《教师法》等重要法律来保护自己，使我们不受伤害，或免受伤害。

青少年年龄特点决定了他们的幼稚、不成熟，可能会做出一些不该做的事情，甚至因法律意识淡薄而导致一些违法犯罪现象的发生。未成年人犯罪是一个比较严重的社会问题。近几年来，全国各市、县人民法院在受理的刑事案件中，未成年人犯罪呈明显的上升趋势。他们正值人生的黄金年龄，肩负着祖国的未来和希望。然而有的孩子却把握不住人生的方向，误入歧途，令人痛心。所以说在青少年时期就要学习相关的法律知识，避免和减少违法犯罪现象的发生。

孩子的成长需要内力自我约束和外力强制作用。孩子要接受健康的思想，并时刻以法律为准绳，规范自己的言行，监督自己的行为，严格要求自己，使自己健康成长。

第三节　增强孩子的权利意识

权利意识，是指公民对自己作为独立主体的利益和自由的认识、主张和要求，以及对他人同样的认识、主张和要求的社会评价，即权利意识不仅包括对自身权利的认知、主张，还包括对他人权利的评价。对自身权利的认知就是人们对自身享有的权利的认识和理解；对自身权利的主张就是人们对自己享有的权利的维护，以及随着社会经济文化发展水平的提高而主动提出新的权利请求的愿望；对他人权利的评价包括对他人权利的尊重和对他人权利的看法和态度。

公民的权利意识的状况将直接影响到国家的发展和社会的进步，影响到法治国家的实现，影响到民主政治的进程。党的十七大报告也首次提出要“加强公民意识教育，树立社会主义民主法治、自由平等、公平正义理念”。未成年人是国家的未来，加强未成年人权利意识的培育应作为未成年人教育的核心内容。

培育未成年人权利意识主要从三方面来看。

首先是要让未成年人了解其拥有的法律规定的权利。法律规定的权利主要体现在《宪法》和《未成年人保护法》中。《宪法》规定了公民的九项基本权利：

第一，公民在法律面前一律平等。

第二，公民有政治权利和自由。

第三，公民有宗教信仰自由。

第四，公民有人身自由。

第五，公民有监督权和取得赔偿权。

第六，公民有社会经济权利。

第七，公民有教育、科学、文化权利和自由。

第八，妇女、婚姻、家庭、母亲、儿童和老人受国家保护。

第九，保护华侨、归侨和侨眷的正当权利和利益。

未成年人作为我国的公民自然享有这些基本权利。

《未成年人保护法》第三条则对未成年人的权利进行了专门规定：“未成年人享有生存权、发展权、受保护权、参与权等权利，国家根据未成年人身心发展特点给予特殊、优先保护，保障未成年人的合法权益不受侵犯。未成年人享有受教育权，国家、社会、学校和家庭尊重和保障未成年人的受教育权。未成年人不分性别、民族、种族、家庭财产状况、宗教信仰等，依法平等地享有权利。”

其次是要让未成年人理解权利和义务。权利是指公民在国家和社会生活中依法享有的某种权益，表现为享有权利的公民有权做出一定的行为或要求他人做出相应的行为或者不为一定的行为。义务是指公民依法应当履行的某种责任。公民在享有权利的同时必须履行义务，同时，只有适当地履行义务，权利的实现才有保障。没有无权利的义务，也没有无义务的权利。权利和义务是互为前提、互为基础、相辅相成的。

最后是有权利必然有救济。当未成年人的各种合法权益受到侵害的时候，选择合法的救济方法，不仅可以维护自己的权益，进一步增强权利意识，而且可以避免进一步违法行为的发生。因而还要教会未成年人当权利受到侵害时该如何救济。权利的救济按《未成年人保护法》的规定主要是两种方式：向人民法院提起诉讼和要求法律援助。基于未成年人法律知识知之甚少的现状，向司法部门请求法律援助是进行权利救济的最好方式。

第四节 增强孩子的安全意识

学生阶段正是为人生打基础的时候，一定要注意学习认真，但还是要注意人身安全。

说到交通安全，大家一定都心有余悸吧？所以我们过马路时，一定不能奔跑，车子可不长眼睛，就算驾驶员看到了，也刹不住车的。过马路一定要冷静不能慌乱，要让车、让人。骑自行车的同学也要注意车速，特别是在雨雪天气，路面很滑，一个不小心，就会人仰车翻。过红绿灯要做到宁等一分，不抢一秒。

生命安全是人人都要重视的。特别要提醒以下几点：不要在校园内奔跑，别与陌生人说话，提防网络骗子等。校园中，并不是时时刻刻都安全的。比如，一群人下楼梯，后面的人挤前面的人，很容易发生跌倒，万一有些人一不小心从你身上踩过去，那你的生命可就危险了。所以在校园中，我们要做到不奔跑，不打架，不滑楼梯扶手，下楼不乱拥挤等。

我们的防范意识还不够、社会经验太少，没有体验社会的险恶，万一骗子盯上了你，你可千万不要搭理他。骗子一般会用陪你打球、带你去玩等方法把你骗至一个没人的地方然后进行勒索；或是当你一个人在家时以借口收电费、冒充家长的朋友等方式进入你家进行偷窃抢劫。遇到这类事件，我们应怎样应付？如果是在室外，千万不要听他的话，也不要搭理他，如果他执意拐骗并动用不良手段，那应该及时大声喊："救命！"如果是在室内，千万别开门。如果他装作家长同事，你就说："我父母在家，你找他们有事吗？"或打家长电话，也可以直接拨打110。

"缺乏安全感"，是现时人们对于日益复杂、高速发展的社会现实的一种感受。同时由于现在家庭均只有一棵独苗，因此，家长往往对孩子的人身安全感到忧虑，上学、放学要亲自接送，回家后不准独自出外与小朋友玩，只能关在窄小的空间范围内，家用电器、炉具一律不准摸，怕有意外，孩子在家里也像个被捆住了手脚的机器人。因此要帮助儿童树立一定的安全意识。

第一，让孩子掌握基本的安全知识。对于学生，完全可以把一些安全知识教给他们：家用电器的使用和安全注意事项；煤气炉具的安全使用；化学物品、药品的标识及使用；出门遵守交通规则；上学、放学路上要与同学结伴走，不要随便与陌生人搭话或吃陌生人给的食物；注意保护自己的身体，不能让硬物、锐器损伤身体任何部位等。孩子天生好奇好动，不能硬性限制其活动，但一定要让其掌握安全知识，否则后果不堪设想。例如，有一个小学二年级学生，看到灯泡会亮，就自己找来一个灯泡，用金属丝去接电源，结果触电而死。如果事先孩子已懂得用电安全，又怎会发生这类悲剧？

第二，教给孩子意外发生时的应急措施。让孩子懂得应急措施非常必要，例如，煤气泄漏时要先切断气源，开窗通风，千万不能马上开灯、打电话、关电子打火开关，否则会引起爆炸；遇到意外，会打报警电话、急救电话等。懂得一些基本医学知识，如急救止血方法；万一被人强行拐带走，要懂得找机会找当地公安机关、政府部门等。曾有报道一小学生被拐带后，被卖到一农村人家里，一天，他趁那家人出外赶集，逃到镇上，找到派出所，结果得以回到父母怀抱。

第三，培养孩子的自控力。有的孩子也懂得安全知识，但天性淘气、贪玩、贪吃、自控力差，因此，有时玩起来忘了安全，造成自己受伤或损伤别人，或控制不住自己，吃陌生人的东西而上当受骗。因此，父母平时要注意增强孩子的自控力。

第七章 “留守儿童”问题

所谓留守儿童，是指父母双方或一方流动到其他地区工作，孩子留在户籍所在地不能和父母双方共同生活在一起的儿童。农村留守儿童的教育是进城务工农民子女教育问题之一，是当前我国教育的热点问题。通过基层教育工作者和教育科学研究人员在留守儿童教育问题上长期开展合作研究，对留守儿童成长环境中存在的问题作了认真的理论分析，并从“问题”、“措施”、“效果”三个方面进行分析，提出了具有制度性的措施。

第一节 关注留守儿童的教育问题

关爱留守儿童实质是尊重每一个生命，是关心每一个孩子健全人格的塑造和身心的全面发展。我们知道，就多数农村孩子而言，九年义务教育就是其终身的教育。抓住农村基础教育就等于抓住了农村未来经济发展的根本，抓住了中国社会现代化的根本。

一、“留守儿童”教育存在的问题及成因

1. “留守儿童”学习较差

由于这些孩子在留守期间是和年迈的祖父母、外祖父母或其他亲友生活在一起的。这些老人年龄普遍偏大，健康状况欠佳，而且文盲的比例较大，不仅在学习上无法给留守儿童切实有效的帮助和辅导，而且由于年龄相差很大，与孩子思想观念也有很大差别，因此存在明显的沟通问题。加上他们还要承担家务劳动和田间农活，根本就没有时间和精力去关注孩子的学习情况。

2. “留守儿童”性格有缺陷

留守儿童在父母外出务工期间，老人管不了孩子，而且也不会管教孩子，因此孩子几乎生活在无限制状态下，无形中助长了其自私人性、蛮横霸道、叛逆心理、以自我为中心的极端性格。

3. “留守儿童”心里有障碍

留守儿童的监护人对其心理健康状况很少关心，孩子由于远离父母，缺少与父母交流沟通的机会，而监护人又很少关心他们的心理状况，这样对留守孩子的心理健康极为不利，因此常常引发各种心理疾病，例如，感情脆弱、缺少自信、悲观厌世、自暴自弃等。

4. “留守儿童”价值观扭曲

有些外出务工者平时对孩子的伦理道德教育、法制教育关注很少，特别是部分父母长期在外，因无法照顾孩子而产生内疚感，于是就采取物质补偿，对孩子放任不管，这样使得留守孩子拥有相对较多的零花钱，也使孩子产生享乐主义人生观和功利主义价值观，养成奢侈浪费的坏习惯，从而导致“读书无用论”、“拜金主义”的思想抬头。

留守儿童在教育上存在以上几种问题，问题存在的原因也是多方面的。从我国整体发展来分析，城市化的进展以及农村富余劳动力的产生，使人口流动的趋势日益明显，但长期形成的城乡壁垒使农民工很难将子女带在身边就学，而且农民工进城务工，自身的工资就不高，根本无法担负孩子在城市的教育费用；从家庭方面来看，部分外出务工父母的教育观念淡漠和社会不良风气，对这部分学生造成了消极的影响；从学校来看，学校不是很重视留守儿童的思想心理教育问题，留守儿童在心理发展上存在的困惑与问题，需要学校给予更多的帮助与疏导。但是农村学校很少开设专门的心理课程并配备专门的心理老师，也很少有组织、有计划地对学生进行心理教育、生存教育、安全教育和法制教育。

二、政府对农村教育的关注

政府在农村教育上的最大责任也是最大作为就是在全社会中进行一种价值引导。让全社会都来关注教育，使全社会形成一种支持农村教育的合力，营造一个有利于孩子健康成长的教育文化生态环境。

随着国家一系列支农惠农政策的出台和新《义务教育法》的颁布，中国农村教育正面临着前所未有的历史发展机遇。尤其在西部农村，“两基”[①]攻坚已接近尾声，农村寄宿制学校工程在加快推进，“两免一补”[②]在不同程度上得到落实。如果说，过去，农村教育面对的诸多矛盾中，遇到最多而又最头痛的问题是投入问题，那么，现在这种情况已经在不同程度地发生着变化。

---

① “两基”是基本普及九年义务教育和基本扫除青壮年文盲的简称。

② “两免一补”政策是指近年来我国政府对农村义务教育阶段贫困家庭学生就学实施的一项资助制度。主要内容是对农村义务教育阶段贫困家庭学生“免杂费、免书本费、逐步补助寄宿生生活费”。

第二节　完善农村留守儿童监护体系

全国妇联副主席黄晴宜于2007年12月19日在南京召开的全国农村留守儿童工作经验交流会上说，中国留守儿童已超过4000万。随着经济的发展，进城务工人数增多，留守儿童的数目更是不断攀升。

由留守儿童所引发的社会问题、法律问题近年来日益引起广泛关注。这些孩子父母不在身边，他们的监护权的行使、受教育权的保障都是问题。

一、隔代监护的问题较为突出

“在调查的双亲外出的3200名留守学生中，有2631名是托付给爷爷奶奶、外公外婆照管，占80%左右；其他有的托付给亲朋好友照管，有的没有临时监护人，独自一人生活。留守学生中家长一年回家一次的占50%左右；两年回家一次的占18%左右，三年以上未回家的占13%左右”。

对上述数据和调查中了解的情况进行分析后认为，目前农村留守学生的监护严重不足，主要存在以下问题：

1. 临时监护人责任不明确

监护人不管是祖辈，还是其他亲朋好友，都将其临时监护责任理解为让孩子们吃饱穿暖，不出事。重养轻教，重身体、轻心理，忽视孩子身心健康和全面发展。

2. 临时监护人教育精力不够

大多数留守儿童由其祖父母、外祖父母代为监护，他们大多年龄较大，没有多少精力对儿童进行教育，监护职责浅层化，监护人大多局限于孩子吃饭穿衣之类的浅层关怀，无法尽到对孩子的教育责任。

3. 临时监护人教育能力不足

特别是祖辈教育孩子由于观念和方法滞后，存在明显娇生惯养、放任自流的隔代教育倾向。同时，这些祖辈多是文化素质较低的老年人，他们中文盲率超过80%，基本没有能力辅导孩子学习和对孩子进行法制、安全、卫生教育，严重影响留守学生的受教育状况。

4. 单亲教育对孩子成长不利

父母一方外出打工造成“父亲教育缺失”或“母亲教育缺失”。如父亲外出的孩子表现出胆怯、不像正常家庭孩子那样自信刻苦；母亲外出的孩子表现出不细心、不像正常家庭孩子那样善良、有爱心，有良好的生活和学习习惯。

5. 精神关爱明显缺乏

有父母在身边的孩子幸福无比，而留守儿童却很少得到父母的关爱。他们成了某种意义上的孤儿或单亲孩子，不少人被亲情的渴望长期困扰。这种情感欠缺严重影响了孩子与别人的社会交往，导致孩子缺乏对外界的安全感和信任感，容易出现性格缺陷。

二、努力解决留守儿童存在的问题

要解决留守儿童问题，学校首先要深化内部管理体制改革，切实提高教师素质和教学质量，努力使学校成为孩子喜爱和向往的地方。要建立留守儿童档案和委派心理辅导教师随时掌握他们的身心变化；要建立留守子女家长（监护人）与学校的定期联系制度，帮助、督促、检查家长履行监护职责；学校要尽可能及时地向有关部门通报未能切实履行职责的监护人的信息，使政府能够及时采取措施对他们进行帮教。各级政府和组织要多渠道、多形式地帮助和教育外出务工的家长，使其进一步了解对子女生活和教育中应承担的法律责任。

首先，国家和各级地方政府应根据构建和谐社会的需要，高度重视农村留守儿童的教育问题。国家应在相关法律和政策中作出具体规定，同时切实加强对农村留守儿童较多的学校教育管理工作。还要进一步加大对校园周边环境的整治力度，努力营造一个有利于孩子健康成长的社会环境。

其次，父母对孩子的教育责任是法定的。外出务工的父母要多同临时监护人和孩子联系，经常了解孩子的学习和生活情况；要利用务工淡季，尽可能多回家与孩子见面；在孩子生日和传统节日，应捎寄些衣物、学习用品，让孩子体会到父母的爱。

再次，中小学校对留守儿童教育的责任义不容辞。各级学校要加强与留守儿童监护人的联系；要针对学生的品德行为偏差和心理障碍问题，定期开展心理咨询活动，进行心理矫正工作；要有计划地对留守儿童的监护人进行培训引导，让其认识到自己的责任和义务。班主任、任课教师平时要多关心他们的学习、身体和心理健康，尽量多亲近他们，与他们交朋友，并从教育教学、日常生活习惯和行为规范的养成管理方面给予具体指导，这对学生无疑可以起到一定的积极的教育作用。

最后，社会各方面要形成合力，营造社会各方共同参与、密切配合的关爱留守儿童的良好环境。妇联、关心下一代工作委员会（以下简称“关工委”）等组织可通过开展多种形式的活动，为留守儿童临时监护人提供儿童道德培养、营养健康、体能训练、心理健康等方面的指导，也可以举办一些健康有益的活动，让有亲和力的成年人对这些儿童给予生活关怀、心理咨询、教育辅导，在一定程度上替代留守儿童父母的角色。也可以组织教育志愿者成立家庭教育社团，定期开展活动，吸引农村孩子参与活动，让他们在快乐健康的活动中幸福地成长。

第三节　从源头上减少“留守儿童”问题

鉴于以上分析，由于父母外出务工，忽视了孩子教育，因而导致留守儿童问题频频发生，因此，必须从根本上找到解决这一问题的办法。

一、为“留守儿童”撑起爱的天空

学校实行“代理家长”制和结对互助制，发挥学校在关爱“留守儿童”工作的主阵地和主渠道作用。

一是在班主任和党团员教师中，开展担任“留守儿童”学生的“代理家长”活动。学校党支部和关工委，在建好全校“留守儿童”学生档案的基础上，明确班主任为本班“留守儿童”学生的“代理家长”。同时，动员和组织党团员，同一些在思想、心理、学习和生活方面，存在一定问题和困难的“留守儿童”学生，采取“一对一”或“一对几”的形式同他们结对，担任“代理家长”，从思想、心理、学习、生活上全面关爱他们。为保证关爱工作落到实处，学校党支部和行政部门普遍成立关爱“留守儿童”领导小组，制定关爱方案和考核奖惩办法，要求“代理家长”经常找“留守儿童”学生谈心，并定期进行家访和同务工的家长进行电话联系。通过“代理家长”的工作，“留守儿童”学生把老师当作自己的亲人，家里发生什么情况、心里有什么苦恼和想法，都能主动对老师讲，争取老师的指导。

二是在学生团员和少先队干部中，开展与“留守儿童”学生结对互助活动。根据学生之间容易沟通的特点，动员和组织部分品学兼优的团员和少先队干部，与同班级一些思想自我封闭或者学习成绩明显下降的“留守儿童”学生，实行“一对一”或“几对一”的结对互助活动。

在职干部和关工委干部、“五老”人员，实行结对帮扶制，发挥社会各方面力量在关爱“留守儿童”中的重要作用。各镇、村关工委通过调查，对辖区“留守儿童”建档后，动员和组织现职干部和关工委干部、“五老”人员，采取“一对一”或“一对几”的方式，同本辖区的“留守儿童”开展结对帮扶活动。建议结对帮扶人员定期对结对帮扶对象进行家访，并将手机号告诉“留守儿童”和他们的监护人员，以便临时遇到问题和困难时及时予以帮助解决。

二、积极探索减少“留守儿童”的途径

通过各种途径，逐步减少“留守儿童”，不仅是对他们最大和最根本的关爱，而且也是减少“空巢老人”和对农村剩余劳动力的最大的人文关怀。可以从以下两个方面来采取办法减少留守儿童数目。

在纯农业的镇、村中采取三种办法：一是积极引进种植养殖企业，吸纳返乡的外出务工农民就业。二是鼓励掌握技术、同时积累了一定资金的外出务工农民返乡创业，吸纳返乡的外出农民就业。三是要加大农业产业结构调整力度，扶持农民发展养殖、种植专业和创办新型农业经济合作组织，吸引外出务工人员返乡创业。

在民营企业比较发达的镇、村，通过向民营企业和外出务工农民做耐心细致的宣传教育工作，利用本地企业吸纳返乡的外出务工农民就业。动员在外地务工已站稳脚跟的农民，在打工所在地联系学校，带小孩进城读书。这是减少“留守儿童”的第四种途径。

第八章 案例评析

孩子是祖国的未来，民族的希望。他们的健康成长，不仅是亿万家庭最大的关切，也是我国社会主义现代化建设事业兴旺发达、后继有人的根本保障。而农村孩子更是被关注的重点，党中央历来高度重视农村孩子的保护工作，始终把农村孩子保护工作作为党和国家事业的重要组成部分。下面是针对农村孩子身上出现的问题，举案例进行分析，而且有专家点评。通过案例分析，我们能更好地保护农村孩子，使农村孩子健康成长。

我要上学

我国新修订的《未成年人保护法》明确规定了未成年人享有四种权利：生存权、发展权、受保护权、参与权，其中受教育权作为重要权利单独列了出来，并规定了未成年人平等享有权利，这些规定都体现了我国对未成年人的尊重与保护，这也是创建和谐社会的一个方面。

《一个都不能少》这部影片给我们讲述了一个13岁的代课老师为了完成老师交给自己的任务，看好每一个学生，千里迢迢追回去打工的学生的感人故事。看完这部影片，每一位父母都应从中受到启发，保证每个适龄孩子在义务教育阶段接受教育，“一个都不能少”。

典型案例

王强和王静兄妹俩生活在农村的一个贫困家庭中，哥哥王强上学，妹妹王静在家做饭。

一天早晨吃完饭后，哥哥王强像往常一样背起书包去上学。小王静看着哥哥消失的背影发呆，她对爸爸说："爸爸，我也想去上学。""一个女孩子家上什么学！你哥是男娃，你是女娃，上学有什么用？再说学好了也是要嫁人的。"王静爸爸说道。

中午王强放学回来，王静请求哥哥带她去学校，哥哥答应了。

老师走进了教室，看到多了一个人就询问原因，王静解释说她想上学，但父亲不让，说女孩儿上学没用。老师答应放学后去帮她劝说。

放学后，老师领着王强、王静来到家中，对王静的父亲说："我听说你不让王静上学，你这是违反了《未成年人保护法》啊，未成年人有受教育的权利。这件事要是让教育局知道了可要追究你的责任啊。再说女孩子咋了？女孩子也能有出息啊。"

王静爸爸抽了口烟："是吗？你说我不让她上学还违法了？"

专家点评

孩子不分性别、种族、信仰和家庭财产状况都有接受教育的权利，随意剥夺未成年人受教育的权利就是违反了《未成年人保护法》。未成年人是我国的希望，如果教育不从小抓起，中国的前途就没有希望，重视教育是我国社会主义建设的重中之重。

相关链接

参照《中国儿童发展纲要（2001-2010）》以及《"十一五"规划纲要》及有关法律的相关规定，2006年《中华人民共和国未成年人保护法》修订增加了三个方面的内容：一是权利的范围，即未成年人的权利包括哪些内容；二是未成年人享有受教育权；三是未成年人平等地享有权利。

国家提出减免中小学生学费政策后，各地先后采取措施，认真落实，而且每年社会为希望工程的捐款活动也在进行，这样解决了很多贫困地区未成年人的上学问题。在全社会的关心与爱护下，未成年人的受教育权将能得到更好的保护。

学校大门外，兰兰趴在学校围墙上哭泣，她刚满15岁，却不得不辍学了。她呆呆地望向校园，里面传来朗朗的读书声，她不禁泪流满面。她擦掉泪水，转身回家了。

母亲见她回来，问道：“去哪儿啦，赶紧去收拾东西，明天就要走了。”兰兰回到自己的屋里伏在被子上失声痛哭，父亲进来安慰道：“兰兰，别哭了，爸爸也不愿意让你退学出去打工，可是没有办法，你妈妈身体不好，我也有病，你弟弟妹妹还小，再不挣点钱咱们家就没有办法生活了。”兰兰没说什么，只是把书本放进包里，珍藏起来。

第二天，她随同乡的姐妹踏上了打工的路……

专家点评

让孩子接受义务教育对父母或者其他监护人来说是一种法定义务，父母或者其他监护人必须保证适龄未成年人完成义务教育，让那些远离校园、失学的孩子们早日回到本该属于他们的校园中。儿童是祖国的未来，教育是国家兴旺发达的根本。一个愚昧的民族和国家永远不能傲然屹立于世界民族之林。我国法律规定：接受义务教育是未成年人的基本权利，任何个人和组织不能剥夺未成年人接受教育的权利。

相关链接

到2006年10月止，中央财政共落实改革资金133亿元，各地落实改革资金77亿元，所有农村中小学都拿到了财政拨付的公用经费，多数省份农村义务教育投入水平有了较大程度的提高。免除学杂费后，平均每个小学生年减负140元，初中生年减负180元，贫困寄宿生可减负500多元。农村学校乱收费问题和西部地区小学、初中适龄儿童少年上学贵、上学难问题得到基本解决。

托起明天的太阳

对农村孩子的教育是一项长远而又艰巨的任务，不仅是家庭的责任，也是学校、社会的责任。对孩子应进行全面教育，包括理想、道德、文化、法制等方面，最重要的是思想道德教育，要让孩子从小树立正确的信念，培养他们正确的世界观、道德观，具备现代文明生活的基本素养，正确处理各种社会关系。

典型案例

小明阳原本有一个幸福的家。但在小明阳9岁那年，爸爸生病卧床不起，妈妈有了外遇，一气之下爸爸喝了农药，不治身亡。面对这突如其来的灾祸，才上小学三年级的小明阳无法接受，她跑到游戏厅并足足待了两天。

从此以后，小明阳就像着了魔一样，自暴自弃，同学们也不爱和她一起玩。学校想了很多办法帮助她，但都无效，最后学校不得不做出了劝其退学的决定。

辍学在家的小明阳脾气越来越坏，经常摔盆子摔碗，因此也常常遭到妈妈的暴打，甚至连饭也没得吃。最后开始了流浪的乞讨生活，在流浪途中遭到了一个歹徒的强奸。弱小无助的小明阳绝望地用玻璃划破了手腕，后被一位路过的大爷所救。经过说服教育，2007年春节期间，小明阳与妈妈和好如初。为了使小明阳忘却身心的创伤，在一个比较安稳的环境里健康成长，小明阳妈妈决定把她带到一个新环境里，开始新的生活。

专家点评

未成年人的思想尚未成熟，容易受到外界的影响，家庭、学校应为其创建一个良好的环境，更重要的是要对他们进行引导、教育。应该看到，未成年人是一个特殊的群体，增加一份对他们的引导、保护和关爱，就会减少一些使他们误入歧途的可能。

相关链接

我国自古就有重视子女教育，注重培养孩子良好品质的传统。孟母择邻，成就孟子伟大的一生，孟母良苦用心的施教方法也成为育人的千古典范。时代发展到今天，给每一个为人父、为人母的家长提出了严格的要求。为人父母首先要培养自身的文化修养、道德修养，增强法制观念，用积极向上的人生态度影响孩子，用合理的方式教育孩子。

重返校园

保护农村孩子不仅是保护其合法权益不受侵害，而且还包括教育和挽救违法犯罪的农村孩子，帮助他们走出生活的阴影。村民委员会作为基层组织，应发挥其维护社会治安的作用，协助有关部门做好保护孩子的工作。

国家提出减免中小学生学费政策后，各地先后采取措施，认真落实，而且每年社会为希望工程的捐款活动也在进行，这样解决了很多贫困地区孩子的上学问题。在全社会的关心与爱护下，孩子的受教育权将能得到更好的保护。

典型案例

上中学的李超是父母的掌上明珠，因平时父母很少管教，放松了对李超的关心教育。一次偶然的机会，李超被同学带着参与了一场打架斗殴事件。事后，被打学生的家长告到了法院，李超被判故意伤害，但因其不够法定年龄，法院对他做出免予刑事处罚。

李超的事情被学校知道后，校长作出决定：勒令其退学！

管辖派出所把李超的情况转到了居委会，并说李超的情况属于社区矫正范围，于是居委会决定与学校沟通，希望能恢复李超的学籍。

专家点评

社区矫正是积极利用各种社会资源、整合社会各方面力量，对罪行较轻、主观恶性较小、社会危害性不大的罪犯或者经过监管改造、确有悔改表现、不致再危害社会的罪犯在社区中进行有针对性的管理、教育和改造工作。

居民委员会、村民委员会是实施社会治安综合治理、预防未成年人犯罪和保护未成年人权益的重要力量，因此，地方基层人民政府要信赖和依靠他们。

相关链接

根据最高人民法院有关部门提供的数据，自2000年以来，我国未成年人犯罪呈现明显的上升趋势。从2000～2004年，全国各级人民法院判决生效的未成年人犯罪人数平均每年上升14.18%，2005年1～7月，未成年人犯罪率比上年同期上升了23.96%。其中在生效判决中判处5年以上有期徒刑的，比上年同期上升了19.94%。

典型案例

一天，肖云看着和自己同龄的孩子去上学，对妈妈说她也想上学，但妈妈说："一个女孩子上什么学呀？再说你在这儿又没有户口，现在哪个学校不收借读费？就凭我卖菜挣的这几百块钱，能供得起你吗？"

肖云说："现在专门有农民工子女入学指定学校，不收借读费的！"肖云还告诉妈妈她的同伴小胖已经上了一个月了。

第二天，妈妈带肖云去了那个学校。校长告诉她们，办理入学手续简单，学校办理学籍，免借读费，而且市青少年发展基金会刚刚给学校批准了80名资助名额，被选中的学生每年可得到600元资助。新学期，又有90名农民工子女到学校报名，占同年级学生人数的一半。听了校长的话，肖妈妈高兴地说："太好啦，我女儿终于又能上学了！"

专家点评

近年来，随着外来务工人员大量进入城市，进而产生外来务工人员子女受教育的问题。为解决这一问题，我国实行以流入地方政府为主的责任制度，并强调有关部门应采取多种措施保障流动人口中未成年人接受义务教育的合法权益，为外来务工人员子女平等地接受教育提供了法律保护。而且国家采取了免费措施，从经济上减轻了经济困难的家庭、残疾家庭和流动人口家庭的经济负担，使义务教育基本得到普及。

新法还增加了各级人民政府应当"鼓励社会力量兴办适合未成年人的活动场所，并加强管理"。将政府为未成年人创造良好的环境上升为法律责任，有利于增强政府的责任意识。

相关链接

《中华人民共和国义务教育法》第十二条规定："适龄儿童、少年免试入学。地方各级人民政府应当保障适龄儿童、少年在户籍所在地学校就近入学。父母或者其他法定监护人在非户籍所在地工作或者居住的适龄儿童、少年，在其父母或者其他法定监护人工作或者居住地接受义务教育的，当地人民政府应当为其提供平等接受义务教育的条件。具体办法由省、自治区、直辖市规定。”

县级人民政府教育行政部门对本行政区域内的军人子女接受义务教育予以保障。

新时期教育方针

“考、考、考，老师的法宝；分、分、分，学生的命根。”这句口头禅很形象地阐述了应试教育的结果。但21世纪需要的是一个能独立思考、有创新思想、有实践能力的人才，因此学校应改变传统的教育模式，实现素质教育。

在母亲节到来之际，学校发起了“妈妈我想对你说”的书信大赛，成千上万的小朋友都积极参加了。这可忙坏了邮递员叔叔，他满头大汗地到处送信，信多累点倒也没什么，可令他苦恼的是，很多信件他都不知道该往哪儿送。原来，很多信封上都写着：“妈妈收”。类似的信件都快堆积如山了。

最后，统计发现，30%的学生不会书写信封，人们不禁开始反思：除了功课，我们该给孩子什么样的教育呢?

专家点评

考试是评价教育质量的一种手段，而不是教育的目的。但是，长期以来，学校教学活动受到以追求升学率为主要目标的应试教育的影响，扭曲了基础教育的办学宗旨，干扰了教育方针的全面贯彻，严重影响未成年人的健康发展。目前，国家针对这种状况已制定了相应的措施：“改革人才培养模式，由应试教育向全面素质教育转变。”

相关链接

一直以来，中小学教育受到应试教育的影响，以追求升学率为主要目标，从而扭曲了基础教育的办学宗旨，干扰了教育方针的全面贯彻，严重影响了儿童和青少年身心的健康发展，也影响了国民素质的全面提高。针对此种情况，1993年《中国教育改革和发展纲要》明确提出“中小学要由‘应试教育’转向全面提高国民素质的轨道”，这就为基础教育的改革和发展指明了方向。

来 信

保护未成年人不是一项简单的工作，方法不当，很容易适得其反，给未成年人造成伤害。任何事物都有其发展规律，遵循其规律，就能达到事半功倍的效果。

上初三的刘刚回到家，母亲闻到了烟味，问刘刚身上怎么有股烟味儿，并嘱咐他不许抽烟。刘刚说他没抽。刘刚写完作业后出去玩了，母亲趁机偷偷打开了他的书包，发现里面有一封信，就把信撕开了，信是一个女孩儿写的，想让刘刚后天去她家，等刘刚从外面回来后，母亲生气地问道：“小刚，你是不是早恋了？我告诉你，马上和那个女孩儿断绝关系，否则我就找那个女孩儿家长去。”

刘刚看到自己的信被母亲拆开了，气得转身跑出了门，两天都没回家。这下可把刘刚母亲急坏了，她找到学校的老师，把事情经过告诉了老师。老师带刘刚的母亲来到张婆婆家，他们看见刘刚正在院子里打水。刘刚一见母亲来了，放下水桶就走进了屋里。

刘刚母亲看见炕上坐了一个瞎眼的老太太和一个十一二岁的小姑娘。老太太的小孙女走过来递给刘刚母亲和老师一些糖果，说：“老师，我会写信了，前几天帮婆婆写了一封信给刘刚哥。”

刘刚母亲听到这儿，非常后悔，对刘刚说："小刚，你怎么不早说呢？是妈不对，妈不应该那样对你，以后再也不随便拆你的信了。回家吧，妈给你做好吃的。"

专家点评

未成年人的身心不成熟，心理上容易受到伤害，因此，对未成年人进行教育，不能忽视未成年人的情感，要尊重其尊严，使其产生信任心理，然后将教育和保护相结合正确引导未成年人，让他们学会判断，学会接受，进而达到教育的目的，同时又保护了未成年人。保护和教育作为保护未成年人工作的两个主旋律，要相互结合，相辅相成，不可偏颇。

相关链接

2004年8月31日上午，嘉定妇联主任、特级教师蒋蔚芳作了"尊重未成年人的人格尊严"的报告。她以自己从事30余年的教育教学经验和切身感触对全体老师提出了热切的希望：教育工作是倾注爱心的工作，所以，每一位教师都应当树立"校荣我荣，校败我耻"的思想。在教育教学实践中，注重发挥学生的创造性，提倡"微笑教育"，以鼓励学生、启发学生为主，允许学生发表各种不同类型的意见，发挥学生的主体作用，培养学生的竞争意识。

缺失的爱

农村传统教育子女的方式是"棍棒底下出孝子"、"孩子不听话，就应该打"。这是一种野蛮的教育，对孩子的身心健康是一种摧残。《中华人民共和国未成年人保护法》颁布后，打骂孩子将是一种违法行为，而且任何人都有权利制止。学校、家长都应帮助未成年人学会保护自己，提高未成年人的自我保护能力。

典型案例

清晨，十岁男孩大炜背着书包去上学了。继母来到他的房间翻大炜的东西，发现大炜的衣兜里有一百元钱，就装进了自己的口袋里。下午放学后大炜回到家中，继母问他哪来的钱，说是不是偷她的，大炜解释说是他妈妈给的，但继母坚持说是偷她的钱。

这时，大炜的父亲走进屋内，不容分说拉过大炜就搜身，并随手拿起东西打大炜……

邻居阿姨闻声赶来，抢下大炜父亲手中的东西，“有什么话好好说，干吗动不动就打孩子，你们这样的做法是违法的，知不知道？”

大炜哭泣着说：“那是妈妈给我的钱……”

专家点评

父母是孩子心目中的保护神和爱的港湾，孩子只有在父母的爱心呵护下才能健康成长。如果缺失了爱，在孩子幼小的心灵中留下的将是永久的无法弥补的创伤。保护未成年人，教育未成年人是全社会和所有成年人的神圣使命和光荣职责！

相关链接

《中华人民共和国未成年人保护法》修订法将原法第五条第四款中国家、社会、学校和家庭教育、帮助未成年人运用法律手段维护自己的合法权益的规定予以保留，同时又增加了两层意思：一是强化国家、社会、学校和家庭培养增强未成年人的防范意识、自我保护意识、自我保护能力的教育。二是要求国家、社会、学校和家庭培养增强未成年人的社会责任感，特别是对独生子女更需要强调社会责任感。

童工

为建设和谐社会，保护农村孩子权益，妇联、共青团等有关团体都采取了一些措施，为保护农村孩子做出一些贡献，保证让每一个农村孩子生活在关爱中，生活在社会主义的蓝天下。

15岁的魏星因家境贫寒，辍学在市里的一家棉纺厂打工。

一天，魏星在弹棉花，满屋的棉絮到处乱飞。魏星一连打了几个喷嚏，他揉了揉鼻子继续干活儿。棉纺厂老板走了过来对魏星说："你×××快点儿干，磨磨蹭蹭的什么时候能纺完？"

中午开饭时间到了，工人们都来到后厨吃饭。魏星拿着碗走了过来，厨师看到他来了，只盛了半碗饭给他。魏星央求道："这么点饭我吃不饱。"厨师说："吃不饱滚蛋。"

魏星从棉纺厂逃出来后靠在一个墙角睡着了，妇联主席孙燕刚好路过，看见了魏星。她推醒魏星并仔细询问了情况。

第二天，妇联的人和警察随魏星来到那个棉纺厂将老板带到了公安局。

专家点评

国家规定任何单位或部门不得雇用未成年人做工人，这家棉纺厂老板不但违反了未成年人保护法，还对未成年人进行虐待，触犯了刑法。任何人发现此类现象，都有责任和义务向有关部门举报。共产主义青年团、妇女联合会、工会、青年联合会、学生联合会、少年先锋队以及其他有关社会团体在日常工作中与未成年人关系密切，在保护未成年人身心健康方面能够发挥重要作用。

目前，在全球范围内共有童工2.46亿，其中7300万为年龄不满10岁的儿童。亚太地区是童工最集中的地区，人数达1.27亿，占童工总数的60%；非洲撒哈拉以南地区的童工为4800万，占童工总数的23%。此外，有约840万儿童被拐卖、充当奴隶或被迫从事色情服务。全世界每年有2.2万名童工死于各类工伤事故。

典型案例

裴勇是一个刚满15岁的天真少年，家住湖南某县的一个村里，由于对外面世界的向往，初中没有读完就辍学回家了。2005年他跟着叔叔离开家乡，来到陌生的大都市北京打工。

这是一家化纤棉有限公司，这天，由于工作疲惫，就在裴勇神思恍惚的刹那，衣服袖子突然被卷进了隆隆作响的机器，紧接着，左臂也被绞入机器，霎时鲜血染红了雪白的棉花。……大家赶紧将裴勇送进了医院。

医生查看病情后做出诊断：左上肢挫灭伤、血管神经损伤、皮肤剥脱伤、多发性骨折，需要做截肢手术。12小时后手术结束，裴勇的左臂被截肢……

专家点评

1991年4月15日，国务院第81号令发布了《禁止使用童工规定》，明确规定："童工指未满16周岁，与单位或者个人发生劳动关系从事有经济收入的劳动或者从事个体劳动的少年、儿童。"1994年《中华人民共和国劳动法》第十五条第一款明确规定："禁止用人单位招用未满16周岁的未成年人。"可见，16周岁是我国法定的最低就业年龄条件。对于劳动法中规定的用人单位可录用的未成年人，国家规定了很多限制条件和特殊的劳动保护，因此用人单位应严格执行，不得违法使用未成年人。

每年的6月12日为“世界无童工日”，这是2002年在日内瓦召开的第90届国际劳工大会决定的，大会呼吁世界各国密切关注童工问题，并采取切实有效的措施解决这个问题。

搬石头砸自己的脚

由于各种因素，我国有很大一部分未成年人未完成义务教育便辍学了，而一些用人单位为节约劳动成本，便乘机招用未成年人，而我国法律规定禁止非法招用童工，并规定了相应的法律责任，具体内容让我们看下面的案例。

临街的张老板店铺生意很是一般，可店铺却一天天扩大了。附近的店铺老板为了求取生意经，相约一起来向张老板请教。

面对着摄像机的镜头以及诚心请教的其他店铺老板，一向孤傲的张老板对着镜头得意地讲起了他的生意经：“这生意挣不挣钱关键就两条。第一条是外边的钱要进得多；这第二条呢，就是里面的钱要出得少。”“怎么实现第二条呢？”张老板说着斜了一眼正缓步上前递茶的小男孩，然后嘿嘿一笑说：“看见了吧，奥妙就在这！”张老板惬意地喝了一口茶水后，仔细分析了雇用一个小孩比雇用一个大人的好处。

正说着，两个执法人员一个箭步走了上去，拿出一个单子一把拍在桌子上。

对于这突如其来的事件，张老板怔住了，当他看到吊销营业执照时，整个人瘫倒在地上，台下的人群有的骂着，有的指责着一哄而散了，只有张老板一个人倒在地上嘴里面喃喃地说着：“我的营业执照啊，我的营业执照啊……”许久也没有起来。

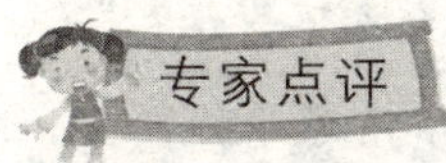

专家点评

对于非法使用童工的行为，《劳动法》和《未成年人保护法》规定：“由劳动行政部门责令改正，处以罚款；情节严重的，由工商行政管理部门吊销营业执照。”这一规定只涉及行政处罚的种类，没有规定具体的处罚幅度；而国务院颁布的禁止使用童工规定则依据《劳动法》的规定，对处罚幅度作了更具体的规定，如罚款数额等，同时还对具体的执法工作作出了更加有操作性的规定。因此，劳动保障部门可以在实践中对非法招用童工的行为依据《禁止使用童工规定》来进行执法。

相关链接

本条是对《未成年人保护法》第四十九条的修改。此次修改主要是增加了对用人单位违反未成年人劳动保障规定的违法行为的处罚，即用人单位招用已满十六周岁的未成年人从事过重、有毒、有害等危害未成年人身心健康的劳动或危险作业的违法行为所应承担的法律责任。

我长大了

全国妇联主席顾秀莲在谈到“保护未成年人合法权益，构建和谐社会”时说，父母应学会现代科学教育方法，与孩子建立一种平等关系，这不但是对孩子的尊重，也是与孩子很好地沟通的前提。孩子有权利知道与自己相关的事情，父母应给孩子一个独立、自由的生活空间。

典型案例

放学了，宁宁飞快地跑到家，进门就嚷道：“爸、妈，我回来了，饭做好了没有，我饿死了。”

饭菜都端上来了，一家三口在桌前坐定，宁宁正准备大吃特吃，觉得爸妈今天都很沉默，气氛有些不对劲，“爸、妈，你们怎么啦？怎么都不说话？”

爸爸顿了顿说：“宁宁，你今年已经16岁了，爸妈有些事情想跟你商量，我们准备离婚了。”见宁宁不说话，他又补充道，“你也知道，爸妈经常吵架，以前考虑到你年龄尚小，不想伤害你，才没提出来。现在，你也长大了，希望你理解我们的感情和决定，不管怎样，你都是我们最爱的好孩子。”

宁宁哭了起来，妈妈在一旁安慰她。宁宁想起父母吵架的场景，最后她擦干眼泪说道：“虽然我不希望你们离婚，但如果你们决定了，我能理解你们。”一家三口又拥抱在一起，父母流下了感激的泪水。

专家点评

未成年人的知情权是指未成年人有寻求、接受与自身权益有关的信息的自由。父母或其他监护人履行监护职责应以尊重未成年人权利为基础，充分意识到未成年人与自己在法律面前是平等的。通过让未成年人享有知情权，塑造他们独立的人格，让他们正视生活，勇敢面对生活中的挑战，使他们从容健康地长大成人。尊重孩子就是尊重我们自己！

相关链接

2000年6月，17岁的武汉市中学生鄢卓洵状告国家烟草专卖局与龙岩卷烟厂等24家卷烟厂进行的网站友好链接，帮助烟草经营者作出的片面宣传，误导了消费者，并侵犯了未成年人的消费知情权利，请求法院判令国家烟草专卖局和24家卷烟厂在本单位网站的主页面上注明“吸烟有害健康”的字样以及其他相关主张。这是全国首例未成年人状告烟草专卖局侵犯消费者知情权案。

苦涩的新娘

在我国一些偏僻的农村，至今还存在一种“换亲”现象，用未成年女孩的幸福和未来换取一家人的“心愿”。这是一种可悲的结局，既剥夺了孩子的权利，也违反了我国未成年人保护法，同时也违反了我国婚姻法。

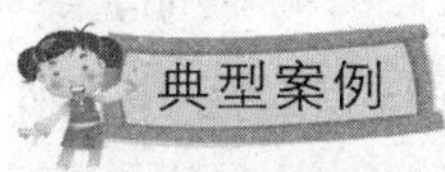

典型案例

婷婷关着门在房间里哭泣，母亲站在门外不停地敲门催促着。“我不想结婚，我不想结婚，我才十六岁，还想上高中。”婷婷在屋里哭着说。母亲叹口气，答道：“彩礼都收了，日子也定了，你不结婚怎么办？快出来吧。”

“谁让你们收彩礼呢？两万块钱你们就把我卖了，你们还是我父母吗？”婷婷不住地哭诉。一旁的父亲也直掉泪：“婷婷，爸妈对不起你，可我们不收彩礼，你哥就永远没法娶上媳妇啊，这都是为了你哥啊！”“你们把我卖了娶媳妇，可你们考虑过我的感受吗？我还小，根本不喜欢那个人，我宁可去打工也不要结婚。”

不一会儿，母亲又急促地敲门道：“快出来吧，新郎和婆家的人已经来了。”婷婷无奈地打开门，很快被强行穿上了婚礼服，举行婚礼……

专家点评

我国婚姻法规定结婚自由，并规定了结婚年龄：“男子不得早于22周岁，女子不得早于20周岁。”过早地让未成年人走进婚姻，不仅是违法的，更重要的是给未成年人的身心健康造成影响，也不利于家庭、社会稳定。

相关链接

包办婚姻是随着私有制和“一夫一妻制”的确立而产生的，长期盛行于奴隶制和封建制社会，并往往和买卖婚姻相联系。中国古代的礼和法都把包办子女、俾幼的婚事作为父母、尊长的特权；“父母之命”、“媒妁之言”是婚姻成立的要件。

灰色的记忆

每天放学回家有妈妈做好饭菜等着，星期天出去玩儿有爸爸陪同，这可能是每个孩子都渴望的幸福生活。但现实生活中，有些家庭因生活所迫，父母不得不外出打工，远离家乡，离开自己的孩子。尽管如此，照顾好孩子仍是父母应尽的职责，在自己离开家时，一定要将孩子的生活、学习安排好，找人照顾好孩子，别让孩子在缺少父母之爱的同时找不到那盏照亮回家之路的灯。

天色已晚，村里各家的灯差不多都亮了，洋洋回到自家的门前，取下书包找钥匙，可翻来翻去却怎么也找不到，洋洋只好无奈地坐在地上。时间一分一分地过去了，他慢慢地靠在墙上睡着了。

不知过了多久，邻居阿姨看见了正在睡觉的洋洋。一看是隔壁家的洋洋，便推醒他说："洋洋，你怎么在这儿睡着了？"洋洋哭道："我忘带钥匙了，进不去，我妈好几天没回家了，爸爸也不让我进门。"女人气愤地说："真是缺德，哪有这样的父母，离婚了也不能不管孩子啊，孩子有什么错啊。来，来阿姨家吧。"洋洋跟着她进屋去了。

专家点评

由于各种原因，如外出打工，父母可能必须与子女长期分离，造成子女无人照顾，解决这一问题的重要途径是委托监护。委托监护是一项民法制度，是指监护人委托他人代行监护的职责。法律规定，监护人可以将监护职责部分或者全部委托给他人。"子不养，父之过"，孩子只有在健康的家庭环境里才能茁壮成长，不能因为父母责任的缺失而在孩子的心灵上留下灰色的记忆。

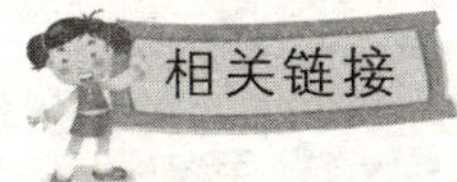

监护的设立是为了保护特定自然人的合法权益，其性质是一种具有人身性的职责。为了更好地保护被监护人的合法权益，法律肯定委托监护具有重要的意义。委托监护法律关系是一种特殊的委托合同关系，委托监护并不能免除监护人的监护责任。

不要歧视我

同在一片蓝天下，应该互相关心、互相帮助，对于有缺点、有困难的农村学生，更应该多给一点爱，帮助他们改正缺点，让他们分享生活的美好，这也是构建和谐社会的要求。因此学校应对有缺点、有困难的学生耐心教育，不得歧视，更不得予以开除。

典型案例

李某的儿子今年16岁了，由于年幼无知参加了一个盗窃团伙，后来因入室盗窃，被警方逮捕。学校知道这件事后，不顾学生的反悔表现，马上开除了他的学籍。从此他整天待在家里，无所事事。看着同院的其他孩子每天背着书包上学放学，他心里非常羡慕。李某看着儿子在家一天天变得沉默寡言，害怕他再次犯错误，便要求学校恢复孩子的学籍，但学校不同意。

专家点评

中小学生是接受教育的对象，他们大都是未成年人，如果犯了错误，应该重在教育和帮助，而不是将其开除就万事大吉。开除学籍就意味着剥夺了学生受教育的权利，这有违教育的本质和宗旨，是一种不负责任的表现。

相关链接

要搞好社会主义现代化建设，必须尊重知识、尊重人才。而尊重知识、尊重人才的表现之一就是要重视教育。但在现实生活中，还是有一部分适龄儿童、少年入学困难，一些学校为了一己私利，以各种理由拒绝一些达不到他们要求的孩子入学。《未成年人保护法》的修订，再一次以法律的形式规定了未成年人的受教育权应当得到尊重和保护。

青春期问题

青春期是一个人从少年走向青年，从不成熟走向成熟的过渡时期。在这个时期，人的心理与生理都会发生巨大变化，产生一些矛盾、困惑或恐慌，因此这一时期的教育也更为重要，不可忽视。学校有义务对学生进行生活、心理、生理方面知识的指导，让学生学会控制、调节自我的方法，正确解决遇到的问题，避免走极端，酿成大祸。

典型案例

自从××城市的“儿童热线”开通10个月以来，热线电话非常火暴，共接到咨询电话上万个，平均每天30多个。

一天，一个颤抖的女声传来：“你好，请问我喝了男孩喝剩的水，会怀孕吗？”得知不会后，女孩长长地舒了一口气。

下午，又一个男声传来：“请问领了结婚证，是不是就自然而然有孩子了？”

面对这些层出不穷的“青春困惑”，我们该如何面对？

专家点评

青春期阶段，人的生理、心理都会发生很大的变化，也容易产生多疑与困惑。学校及父母应针对孩子的自身情况，对孩子出现的问题进行正确指导，给孩子正面讲解青春期的各项内容，帮助孩子顺利地度过青春期，这也是学校教育非常重要的一部分内容。

胡锦涛同志在2004年5月10日中共中央召开的“加强和改进未成年人思想道德建设工作会议”上进一步强调：“关心未成年人的成长，为他们身心健康发展创造良好的条件和社会环境，是党和国家义不容辞的责任，是开创国家和民族更加美好未来的战略工程，也是实现亿万家庭的最大希望和切身利益的民心工程。”因此，开展未成年人心理健康教育具有十分重要的意义，它不但是国家和民族、社会和时代发展的需要，也是未成年人自身发展和全面发展的需要。

不要伤害我

教师是光荣、神圣的职业。但“你怎么比猪还笨！”“你简直是废物！”这些话从老师嘴里说出，实在是有辱身份。请我们的教师尊重每一位学生，用充满人性化，和谐、优美的语言点亮学生幼小的心灵，让教师头顶上的那个光环更加灿烂、耀眼。

典型案例

利利今年14岁，在村上×中学上初中一年级。因平时贪玩，一看到有同学在外面玩，利利就想出去，因此，经常上课时走神儿。加上回家后也不及时复习当天所学的东西，所以他经常因为犯同样的错误而挨老师的骂。

一天，老师发现上午刚讲的知识，利利下午做作业时就出错了，老师非常恼怒，骂道：“你怎么比猪还笨啊！上午刚讲的，过一会儿就忘了，你简直就是个废物！”无法忍受这种当众羞辱的利利回到家，就想结束自己的花季生命，幸好被妈妈及时发现，才没酿成悲剧。

专家点评

农村教师打骂学生虽说是为学生好，但这种粗暴的教学方式不仅有损教师的形象，也严重伤害学生的身心。惩罚是教育的一种辅助手段，不同于体罚。农村老师对学生应坚持正面教育，因为只有在相互尊重的基础上，才能达到良好教育的目的。我国义务教育法和未成年人保护法都规定禁止教师对未成年人实施体罚、变相体罚或其他侮辱人格尊严的行为。对于体罚未成年人的行为，法律还规定了相应的法律责任。

相关链接

由于传统观念、应试教育的影响和农村教师管理中存在的薄弱环节，一些农村教师法律意识淡薄，品德素质较差，侮辱学生人格尊严、体罚学生的现象仍然大量存在。新修改的《义务教育法》和《未成年人保护法》都明确规定："教师应当尊重未成年人的人格尊严，不得对未成年人实施体罚、变相体罚或者其他侮辱人格尊严的行为。"

一切为了孩子

幼儿教育是基础教育的重要组成部分，对一个人未来的全面健康发展起很大的作用。因此幼儿园应正确认识自己的使命，积极推进幼儿教育改革，实施素质教育，促进幼儿的全面发展。

典型案例

刘芳由熟人介绍到村上某幼儿园工作，初中毕业的她，说着一口浓重的家乡话，不会弹钢琴，不会唱歌，不会跳舞，然而堂而皇之地走上了讲台。由于没有经过正规的幼儿教育训练，不懂得幼儿教育规范，她常常对学生实施体罚。

首先，我们应树立正确的教育观：幼儿教育不可忽视。要贯彻“一切为了孩子，为了一切孩子，为了孩子一切”的原则，实施德、智、体、美各方面全面发展的教育。既对幼儿提出统一教育要求，又注重因材施教，使每一个幼儿都能在原有的水平上有所提高，得到发展。其次要按照教育管理的职能范围履行职责。政府要把幼教工作放到重要议事日程，统筹幼儿教育规范，加大资金投入，强化幼教管理，提高幼教的办学水平。

相关链接

改革开放以来，我国农村幼儿教育事业有了一定的发展，但是，目前我国农村幼儿教育总体水平不高，与经济、社会、教育的发展和人民群众日益增长的需要还不相适应；幼儿教育事业投入不足；一些地方对幼儿教育的重要性认识尚不到位。

快乐成祸

网吧是供成年人消遣娱乐的场所，其活动环境和活动内容都不适应未成年人，而且网吧极易引发社会治安问题。因此我国法律规定：“中小学附近不得设置营业性互联网上网服务，营业场所，不得允许未成年人进入。”

典型案例

张劲是某村某中学高二学生，一天，他的同学打电话叫他，说自己过生日，请大家出去玩。张劲征得妈妈同意后就和同学一起去玩了。

几个同学商量着去网吧玩游戏，刚开始张劲不同意，后来禁不住其他几个人的怂恿，于是与几个同学一起去了网吧。

来到网吧门口，只见门口挂着一个牌子，上面写着“未成年人禁止入内”，但工作人员却未加阻拦，于是几个人簇拥着走了进去。

在网吧有了别样的感觉后，原来学习成绩一直优秀的张劲于是迷上了网络，经常和几个同学出入这家网吧，而网吧的工作人员也从未劝阻过。

专家点评

未成年人沉迷网络，并引发一连串的社会问题，如未成年人犯罪率提高、未成年人身心健康受到影响。国家因此采取措施，要求创建绿色网络环境，防范未成年人沉溺网络，有效发挥网络带给人类的益处。

网吧场所人员流动大，鱼龙混杂，对未成年人容易造成坏的影响，对正常的校园秩序、活动造成干扰，因此法律规定不得在学校附近开设网吧等场所，保证学校安静的环境。

相关链接

2006年2月，一项针对北京市未成年犯管教所500余名少年犯网络犯罪问题调查显示，曾经经常上网的占43.6%，偶尔上网的占25%。在经常上网的人中，因为没钱上网而去偷东西的占62.5%。因网络游戏而导致犯罪抢劫的占63.9%，犯强奸罪的占23%。

益乎？害乎？

每年因为吸烟、喝酒死亡的人不在少数，远离烟酒是保障身体健康的明智之举，因此不得向未成年人出售烟酒，也不得在未成年人集中场所吸烟、喝酒，以免危害未成年人的健康。

典型案例

放学后，赵鹏在写作业，赵鹏的爸爸坐着看电视。“儿子，写完作业了吗？”“快写完了。”“去，到小卖部给爸爸买盒烟。”“又让我去买，你自己怎么不去？”“爸爸累啦，你也活动活动嘛。”

“下次再买烟可要给我跑腿儿钱啊。”赵鹏满脸不高兴。

“买盒烟。”赵鹏走到小卖部门口。卖货的人说：“你这么小，怎么买烟啊？”“我不会吸烟，是我爸爸让我买的……”

于是卖货人员接过钱把烟给了赵鹏。

专家点评

小孩子的模仿心理、好奇心理较强，加上周围有很多抽烟、喝酒的人，对他们的诱惑很大，于是他们就会去尝试，久而久之，就会上瘾。因此要防止未成年人接触烟酒，要营造良好的生活环境，“禁止向未成年人出售烟酒”。在显著位置设置“不向未成年人出售烟酒”的规定，具有很强的操作性，将其作为经营者的一项义务，更有利于达到禁止的目的。

相关链接

针对保护青少年免受吸烟危害的法规、通知，我国自1979年开始控烟工作以来，已制定了包括《中华人民共和国烟草专卖法》、《中华人民共和国未成年人保护法》、《中华人民共和国预防未成年人犯罪法》等法律、法规。但这些条款仅仅停留在言语上，在操作性和监督等方面存在明显不足。譬如，对向未成年人销售烟酒的行为，到底是由工商局还是公安局去管，群众应向谁去举报，如何证明孩子的身份和年龄等，在法律中都没有具体规定。

别这样“爱”我

对父母、老师、同学私自拆看自己的信件或披露自己的隐私，孩子应该怎样来保护自己呢？拆信的行为是不是违法的？带着这些问题来看下面的案例。

典型案例

小明是一名初三学生，一天晚上放学回家后看见书桌上有一封拆开的信件。小明拿起来见是给自己的，便很不满地说：“妈，你怎么可以随便拆我的信？”“怎么啦？妈妈看看有什么，又不是别人。”小明：“这是我个人的事儿，你这么做不对。”“翅膀长硬了？就不听妈妈管了，是不是？我还不是为你好？”

这时爸爸推门进来，对小明说：“儿子，别生气，你妈也是为你好。看看也不要紧。”

“未成年人的隐私是受法律保护的，不经本人同意是不能随便看的，你这样做是违法的。”小明反驳道。

“住嘴！我犯什么法啦？你听清楚，从今以后，我不管你什么隐私、‘粉丝’的，你就是个‘钢丝’也要经我把关！”

专家点评

隐私权是人格权的一种，受法律保护。现实生活中，很多父母喜欢拆孩子的信、看孩子的日记，虽然是出于保护孩子的目的，但这种行为是违法的，是对孩子隐私权的侵害。要了解孩子的心理，应采用正当的方式，通过与孩子交流、沟通，在相互尊重、信任中解决问题。

根据我国法律规定，中华人民共和国公民的通信自由和通信秘密受法律保护。除公安机关或人民检察院因追查犯罪的需要依法定程序可检查、扣留邮件外，其他任何人都无此权利。

当未成年人发现父母窥探自己的秘密时，应有礼貌地告诉父母，这是自己的隐私，自己有权保守；如果父母不经自己允许也不听劝阻，则可向未成年人保护委员会等机构反映；如果父母侵害自己的隐私权并造成很大伤害，可以向法院起诉，并要求停止侵害，甚至赔礼道歉、赔偿损失。

有量有度

司法保护是未成年人保护体系中一个重要的组成部分，公安机关、人民检察院、人民法院负责办理未成年人犯罪案件，在办案过程中应本着保护未成年人合法权益的原则，认真、负责依法执行，不得有违法侵权行为。

典型案例

中午时分，艳阳高照，派出所门外车水马龙，嘈杂一片。警员小王在办公室里伏案写字，突然，门一下子被推开了。一个高大的中年人拎着一个小孩的衣领冲了进来。

小王站起来，说道："师傅，您先放开小孩，有话好好说。"

中年人说道："我姓黄，警官，是这样的，我正在商店买东西，准备掏钱，一摸口袋，钱包没了。我转身一看，这小杂碎正死命往胡同里跑，手里攥的正是我的钱包！我追上去一个飞踹，这小子就趴下了。你赶紧给办了，我要好好治治他，敢跟我斗。"

小王说："根据规定这件事需要两个人同时办理。老张是办理未成年人案件的高手，他进修过教育学和心理学，你稍微等一下。"他打电话后转向小孩问："你叫什么名字？多大了？在哪上学啊？"

小孩说："我叫小然，15岁了，在某中学上学，等我长大了，他就老了，君子报仇十年不晚！"

黄师傅一听，立马上前一拳挥向小然，被刚好赶到的老张一把挡住了，老张道："你太过分了，必须接受我们的处理，不是因为你打我，而是因为你对孩子的所作所为，侵犯了未成年人的人身权利和人格尊严。小王，你处理一下他，我送孩子回学校。"

黄师傅一脸愕然，看着小然在老张的看护下走了出去。

专家点评

未成年人违法犯罪是一个复杂、重要的社会问题，正确处理违法犯罪的未成年人，不仅关系到未成年人的前途问题，更重要的是会对社会产生重大的影响，其意义远远超出了对犯罪的未成年人处罚的本身。因此，处罚违法未成年人，不仅是对其犯罪行为进行惩罚，更重要的通过惩罚的手段，对未成年人达到教化、感化和挽救的目的。本案中，实施违法行为的是未成年人，鉴于行为主体身心不成熟，成年人应该慎重考虑自己的言行。黄师傅虽然是受害人，但行为明显过度，对小然进行打骂，严重损害了未成年人的人格尊严和人身权利，对其进行一定的教育处罚是必要的。

相关链接

未成年人是国家的希望，民族的未来，预防未成年人违法犯罪，保障未成年人健康成长，是关系到国家存亡，民族兴衰的大事。但是，调查表明，未成年人犯罪呈不断上升趋势，如今未成年人犯罪已成为继环境污染、贩毒吸毒之后的第三大世界性问题。那么，到底是什么原因导致未成年人犯罪呢？未成年人犯罪，究其原因有犯罪未成年人法律意识淡薄，社会环境复杂而未成年人自制力相对薄弱，家庭变故造成子女无人教育管理的真空，家庭不良因素影响等。

当未成年人的合法权益受到侵害时，国家规定可以请求法律援助机构提供法律援助，也可以向法院起诉，通过司法救助来保护未成年人的合法权益。未成年人应学会用法律武器来维护自己的利益。

保护弱小

当农村孩子的合法权益受到侵害时，国家规定可以请求法律援助机构提供援助，也可以向法院起诉，通过司法救助来保护农村孩子的合法权益。农村孩子应学会用法律武器来维护自己的利益。

案例分析

小华是个流浪的孤儿，每天靠在汽车站乞讨为生。一天，小华又照常在汽车站附近乞讨，突然一个高大的身影挡住了他的去路，问小华要200块钱，小华颤抖着小声说道："我没那么多钱……""没这么多？"尾随在那人身后的小弟开口了，"强哥看你年纪小才收你200，大人都至少给500 。"强哥一把抓过小华的衣领："臭小子，每天在我的地盘上乞讨，还不给钱，欠揍啊？"小华奋力挣脱开，撒腿就跑，但没跑多远就被他们追上堵在一个死角。

就在这时，汽车站老清洁工张师傅刚好路过，才赶走了那两个人，救了小华。张师傅盯着他们的背影喊道："别以为是孤儿，就能随便欺负！"最后，他将小华送到了孤儿院，小华从此过上了正常人的生活。

专家点评

未成年人由于年龄偏小，对社会的解读能力有限，不能很好地利用法律来维护自身的合法权益，在自身的合法权益受到侵害后，往往产生仇视社会的反常心理。有关机关及时为他们提供援助，不仅可以帮助他们维护自身的合法权益，同时也有利于避免其走上歧途。

相关链接

目前，北京市共有流浪人员救助管理站19个，其中流浪儿童救助保护站只有北京未成年人救助保护中心1个。现有正式工作人员17名，服务人员36名，设立床位150张。北京市救助管理事务中心透露，本市决定在大兴区建设一所永久性的未成年人救助保护中心，届时床位将增至400张，比现有床位增加250张。

迷失的家园

家是幸福的源泉，是心灵的港湾。一个健康、幸福的孩子需要一个和睦的家庭，一个有关心和爱，没有虐待，没有伤害的家庭环境。应该给那些农村孩子更多的关爱，给他们的不幸人生注入温暖的阳光，让他们感受到什么是爱！

典型案例

彤彤和斌斌是同班同学，下午放学后，斌斌沮丧地说："没意思，我什么也不想干。"彤彤问："你怎么了？"斌斌回答："昨天我爸爸和妈妈他们又打了一夜的麻将，今天早晨我连饭都没有吃就来上学了，真不想回那个家。""那去我家写作业吧！写完后让我妈妈给你做点好吃的。""哎，你妈妈真好！我爸爸妈妈他们整天打麻将，连饭都不做了，还经常打我骂我。"彤彤催促道："快走吧，上我们家写作业去。"斌斌叹口气说："我不想去，特别烦，没有心情写作业。彤彤，咱们去网吧玩游戏好不好？""你怎么老去网吧？学都不好好上，作业也不好好写。我妈妈不让我去网吧。"彤彤责怪道。但是，最终，彤彤还是在斌斌的怂恿下一同去了网吧。

专家点评

家庭是以婚姻和血缘关系为基础而建立起来的社会基本单位，是影响孩子发展的最初的重要因素。父母是孩子的第一任老师，父母的一举一动、一言一行都会极大地影响孩子的成长和发展。父母除监督、保护未成年人的人身、财产和其他合法权益外，还具有培养、教育和管束的义务，以使未成年人按照法律规范和社会公共道德规范的要求健康成长，预防和减少未成年人违法犯罪的发生，管束和矫正未成年人的不良行为。为孩子创造一个良好的家庭环境是所有父母和成年人义不容辞的责任和义务。

相关链接

在《未成年人保护法》草案修改过程中，有一种意见认为，监护职责和抚养义务不应该是并列关系，监护职责包括抚养义务，建议只规定监护职责。但考虑到监护职责与抚养义务不同（抚养是一种供养责任，实质内容重在金钱和其他物质上的供给；而监护职责是一种监督保护责任），所以立法机关保留了关于抚养义务的规定。

家庭纷争

父母离婚时，孩子的抚养、继承权等一直是双方争执的焦点。我国《继承法》规定，对孩子的继承份额应给予特殊照顾。人民法院审理案件时应保障孩子的权益，为孩子的健康成长考虑，从而做出正确、合理的判决。

典型案例

小博的父母早年离异，小博被判给了妈妈，妈妈再婚后，他便一直跟着妈妈和后爸一起平静地生活着。昨晚他的亲生父亲出车祸去世了，小博听到消息痛哭不已，伤心的母亲无助地安慰他。

这时，门铃骤响。母亲慢慢地起身、开门，原来是小博的奶奶，奶奶一进门，就搂紧小博，“孙子，奶奶好想你啊，奶奶就剩下你了啊。”小博母亲说道："妈，我知道出了这事后您也一直缓不过气来，您看这遗产继承……""住嘴，我不是你妈，你霸占我孙子，跟了别人，还想要我死去的儿子的钱，真不要脸。"奶奶怒斥道。小博的母亲憋红了脸说道："法律规定，在这种情况下小博是有继承权的，您这么说就不对了！小博跟着我是法院的裁决，我能给他一个健康的成长环境。"奶奶却不听劝阻，拉着小博就走。小博的母亲上前阻拦："您不能这样，您要是非得这样做，只能在法庭上见了！"小博在两人的拉扯中大声哭泣："妈妈，我要妈妈……"

专家点评

当家庭出现变故后，受伤最深的总是孩子。在大人们为了各自的私利纠缠不清时，孩子们的感受又总是经常被遗忘。在这种情况下，法律的及时介入是十分必要的。在本案中，尽管未成年人小博的父母已离异，但他依然依法享有对父母双方遗产的继承权，且该继承权的实现受到法律的保护。

相关链接

关于继承问题，我们可以先看这样一个案例：某人对其尚未成年的儿子的种种恶行深恶痛绝，屡教不改后对其子失望透顶，不久他患病身亡，临终前立下遗嘱，将其所有财产全部捐献给希望工程。那么，他的遗嘱有效吗？

《继承法》规定，公民不仅可以在生前充分利用和处分个人的合法财产，而且还可以通过遗嘱自由处分其死亡后留下的个人合法财产。但是，遗嘱自由并非不受任何限制。《继承法》第19条规定："遗嘱应当对缺乏劳动能力又没有生活来源的继承人保留必要的遗产份额。"因此，此人虽然有权自由处分其死亡后留下的财产，但却没有给尚未成年、无劳动能力又无其他生活来源的儿子留下必要的财产，以保证他维持正常生活。他剥夺了未成年儿子的继承权，违反了法律的规定，其所立的遗嘱应当为部分无效。

家庭暴力

父母作为子女的监护人，负有教育、抚养、保护子女的责任，如果父母抛弃子女，不尽其责任甚至侵害子女的合法权益，法律对此有明确规定，法院可以依法撤销其监护资格，但父母还是要承担相应的法律责任。

老师在办公室批改作业，发现班上小强又没交作业，他皱了皱眉，把小强叫到办公室想了解原因。看小强低头啜泣，老师便把手轻轻放到他肩上想安慰他，可小强却像触电似的叫了一声，老师反倒吓了一跳。他觉得有些不对劲，撩开小强的衣服，看到小强身上遍体鳞伤。

原来，在单亲家庭生活的小强经常遭到父亲的打骂，不论是做家务，还是乖乖地待着，都免不了受到父亲的痛打，父亲总是对着他吼："你给我滚，我看见你就想起你那不要脸的妈……"除了这些，他还经常挨饿。老师听完后，内心非常复杂，他带小强回家，试图说服小强的父亲，但小强的父亲顽固无比，把小强和老师推出了门。

老师带着泪流满面的小强来到居委会，让他们做小强父亲的思想工作，还把小强带回自己家。小强在老师家得到了很好的照顾，学习大有进步，日子过得很开心。不料，粗暴的父亲又找上门来，扬言要杀了这个"不把老子放在眼里"的儿子，还要跟他同归于尽。劝阻无效后，老师报了警，小强的父亲被及时赶到的警察带走了。

大多数人都认为：自己的孩子自己抚养是天经地义的，父母是孩子的法定监护人。但是对于那些不负责任的家长来说，再天经地义的事情也不会是名正

言顺的。孩子需要一个健康的成长环境，当家长不仅不能提供，而且还给孩子的成长带来威胁时，他就失去了监护的资格。我国法律规定：父母或其监护人不依法履行监护职责，或者侵害未成年人合法权益，其中包括对未成年人进行虐待，实施家庭暴力，构成违反治安管理行为的，要由公安机关依法予以行政处罚。

家庭暴力给未成年人带来的不仅是皮肉之苦，更多的是心灵的创伤和行为的扭曲。调查结果表明，家庭暴力会给孩子带来诸多负面影响：

一是使孩子产生更多的不良行为。打骂孩子不仅不能制止孩子的不良行为，反而会使之加剧。

二是破坏父母与子女之间的感情。父母打骂孩子会让孩子对父母产生排斥心理，并成为“离家出走”的直接原因。

三是孩子经常受到父母的打骂极易产生如暴躁等不良性格特征。而性格暴躁是未成年人犯罪的内在动因。

四是孩子长期受到父母打骂，就会模仿父母的惩罚性行为，学会粗暴、打斗，并照父母的这种示范来攻击别人。

放榜的日子

对犯罪的未成年人进行处罚的根本目的是为了教育、矫正，其最终还是要回到社会的。因此对羁押、服刑的未成年人应保证其受教育权不被剥夺，其在升学、就业过程中，也不应被歧视，要给他们一个改过的机会，使他们能过上正常的生活。

今天是××重点高中录取放榜的日子，一大早，张妈妈就赶去学校，看看

自己的儿子被录取了没有。学校大门口就贴着考榜，看到自己孩子小华的名字刚好在被录取学生红线以下，张妈妈失望极了。忽然，她看到小华名字的上方是赵辉，心里顿时一怔，“不会是他吧？”

回去的路上，张妈妈遇见了赵辉妈妈，便问道：“您这是上哪儿啊？”赵妈妈回答道：“去看看考榜，看我们家赵辉考得怎样。”张妈妈心里顿时升起一阵火，看着赵妈妈走远后，她转身走向学校校长办公室，对校长说：“校长，我们家孩子平时挺努力的，也很老实，就差一个名额就能进重点高中了，而且您录取的最后一名是赵辉，他可是个少年犯，重点高中，录取少年犯，影响多不好啊！”

校长笑道：“这个情况我们早就了解了，赵辉在少管所一直很努力，改造期间也积极接受了义务教育，认真学习文化知识，他所取得的成绩确实比你家孩子高。根据国家政策，解除羁押、服刑期满的未成年人的升学不受歧视，所以我们决定录取他。”

专家点评

法律规定，解除羁押、服刑期满的未成年人，在接受教育和劳动就业方面应当与其他未成年人享有宪法和法律赋予的同等权利。

现实生活中，这一部分未成年人往往容易受到不同形式的歧视，既不利于鼓励未成年人改过自新、回归社会，也增加了社会不稳定的因素，增加了社会管理的成本。因此，为了促进未成年犯罪人积极接受教育改造、早日回归社会，应当宽容对待他们。

相关链接

2006年9月15日，在吉林省少年犯管教所里，50名未成年服刑人员开始了他们的职业技能培训课。一个月后，这些未成年人免费参加了职业资格考试。

评　分

当孩子的合法权益受到侵害时，哪些人应承担法律责任？应当承担什么法律责任？受害人如何请求保护？

牢房内，犯人小明正拿着笔认真地填写分数。因为按照管教所的有关规定，由被监管的未成年人来对监管人员进行打分评比……

不久，警员小赵被叫进所长的办公室，所长批评了小赵，要他好好反思。

小赵走在走廊上，突然，他停下来倚在墙上，点了根烟，吸了起来，脑海中浮现出犯人小明、小黄还有小王等人的身影。他想起昨天小明打球时不小心把球扔到自己头上，小明正要道歉，他就上前给了他一耳光。“一定是那小子报复，给我打低分。”他狠狠地摔下烟头，重重地走下楼去。

小赵一进牢房，便将小明猛地推倒在地，恶狠狠地说道：“听着，在这里我就是天！你小子给我放聪明点！”说完，他起身离开，重重地锁上门。小明艰难地爬上床，身上伤痕累累。

第二天，所长看到办公桌上有一份报告，读后他不住地摇头，最后发出一道命令。小赵很快被警察押解着走出了大楼……

专家点评

未成年人作为社会的弱势群体，不应成为被欺压的对象。国家机关的工作人员代表着国家的形象，其言行必须符合自己的身份，因此在对未成年人的保护工作中，要起着带头示范的作用，如果违反未成年人保护法，凌压未成年人，就更应该从重处罚。

美国1989年通过《检举者保护法案》。值得借鉴的是，美国政府专门设立了两个专职机构，即特别律师处和奖惩制度保护委员会，以便于受害者投诉，确保打击报复者受到惩处。重大打击报复案，特别律师处可直接呈报总检察长、总统或国会。

背诵风波

学校是孩子受教育的地方，应保护孩子的合法权益，但如果学校侵害孩子的合法权益，也应依法承担法律责任，只有这样才能使孩子不受伤害，健康、快乐地成长。

典型案例

语文课上老师要求同学们背诵《早发白帝城》，小丹不安地埋下头，生怕老师喊到她的名字。“小丹，你背诵一下。”老师平和地说。小丹慌忙站了起来，“朝辞白帝彩云间，千里江陵一日还。两岸……两岸……”不知怎么的，她怎么也想不起下面的内容了。老师有点不耐烦地说：“多少遍了！多少遍了！你怎么还背不过！下去给我抄1000遍！”剩下的时间小丹什么也没听进去。

终于等到了放学，小丹一回到家里就开始了这项浩大的抄写“工程”。终于抄完后，小丹一头栽倒在床上。

第二天，老师要求同学们一起背诵，小丹怎么都睁不开眼，不知什么时候，只觉得耳朵一阵钻心的疼痛，她慌忙站了起来，低声地道了声：“老师，我……我错了。”老师沉着脸，没有一丝和气地说：“你把昨天的唐诗再背诵一遍！”

小丹背了一句就再也想不起来了，老师很生气，罚她去操场跑20圈。

小丹独自拖着疲惫的身躯，来到操场上吃力地跑着，一圈又一圈，忽然，她觉得眼冒金星，眼前漆黑一片，便一头栽了下去。

专家点评

学校、幼儿园、托儿所是未成年人生活的重要场所，也是保护未成年人的主要单位。这些单位的工作人员在日常生活中经常与未成年人打交道，因而，对于未成年人的保护具有重要的屏障作用。但是由于有些老师自身的素质问题，造成侵害未成年人的行为也屡见不鲜。因此，对这些单位的从业人员作出法律要求，规范其行为是极其必要的。

相关链接

本条是对原《未成年人保护法》第四十八条的修改。此次修改主要体现在两方面：一是增加了学校、幼儿园、托儿所这些教育机构的法律责任。二是增加规定了学校、幼儿园、托儿所教职员工在实施体罚、变相体罚之外的其他侮辱人格行为的法律责任。

双重身份

为保护孩子更好地成长，我国设置了一些救助机构，儿童福利机构等，但在具体操作过程中却出现了一些不依法履行保护职责或者虐待、歧视孩子等情况，对此我国法律做了相关处罚规定。

典型案例

张大成是县流浪儿收养所的所长，一天县上派小丁来流浪儿收养所抽查工作……

小丁走进流浪儿收养所，所内异常地安静，所长办公室里面也没人。小丁正在诧异，两个小孩子朝所长办公室走来。小丁迎上去，两个小孩告诉小丁，他们这里的负责人是他们的经理，经理现在正在养鸡场，还告诉小丁其他的小朋友都在养鸡场上班。

小丁和两个小孩一起来到了养鸡场，看见十几个小孩在里面忙碌着，有的在喂鸡，有的在拌鸡食，有的提着一篮子鸡蛋……正看得出神，张所长大腹便便地迎了过来……

刚开始张所长还很神气，问小丁是谁，小丁反问张所长是谁，这激怒了张所长，他就提高声音问小丁是干什么的，小丁愤怒地说出民政局视察员时，张所长长长地“啊”了一声，许久没反应过来，等他明白过来，小丁已经跨出了养鸡场的大门……

第二天，张所长被开除公职，小丁接替了所长的职位。孩子们又回到了收养所，又开始了开心做游戏的日子。看着他们那高高兴兴的样子，坐在一旁的小丁会心地笑了。

政府有关机构收养未成年人是一项神圣的职责，但是个别人却通过工作的便利，利用所收养的未成年人牟取利益，这是法律所严厉制止的。政府有关机构的工作人员必须随时牢记自己的职责，切实做好未成年人的保护工作，不能因为蝇头小利而忽视未成年人保护的百年大计，影响社会主义和谐社会的构建。

相关链接

当前，社会上出现了一些流浪乞讨、离家出走的未成年人，他们有的是孤儿，有的是父母外出打工，无人照管，有的是父母双双服刑，生活无着落。对于这样一些孩子，政府和社会要承担起对他们的监护责任，及时予以救助和保护。为此，修订后的《未成年人保护法》新增加本条款。

我的时间我做主

初中生活是丰富多彩的，但由于升学的压力，每个孩子被铺天盖地的课程压得喘不过气来，连基本的睡觉都无法保证，更谈不上娱乐了。国家提出“减负”政策，学校和父母应合理安排孩子的作息时间，让每个孩子从“学习机器”中解脱出来，不再为学习、考试而发愁，拥有一段幸福、快乐的初中生活。

典型案例

新学期开始了，某中学初三年级上学期的作息时间表刚贴好，同学们就三个一组、五个一群凑上来看，接着传来一片唉声叹气。小华无精打采地说：“唉，又排得满满的，回家还得学书法。周六也得搭上。”

“我也是。”在一旁看书的小琴道，“我一周只能休息半天，周日上午还要学舞蹈。要是学不好，妈妈还要骂我！”

专家点评

与年龄不相称的学习负担，让一些孩子处于“心理亚健康”状态，主要表现是心理过度焦虑、情绪不稳定、易紧张、激动。以“分数”为中心甚至让一些孩子对学习生活产生了“反感”，有25%的学生表示曾有过离家出走的念头。这些负面影响不仅让孩子失去了学习的兴趣，还可能导致孩子身心不健康，与教育目的适得其反，并会增加家庭、学校负担。“欲速则不达”，学校、父母应为孩子合理安排作息时间。

相关链接

根据联合国教科文组织第40届国际教育会议（1988年）提供的文件，美国小学生每日课程学习时间4小时左右，我国小学生学习时间每日平均为7—8小时，超过国家规定的6小时，另外，美国小学六年级的作文长度及表达能力，大体相当于我国小学四年级水平。

上铺的兄弟

帅帅在一所寄宿中学上学，和同学们相处融洽，生活也非常愉快，住在上铺的他，每天上床后都要和下铺的冬冬合唱两段校园民谣《睡在我上铺的兄弟》。

一天帅帅上床时，因床上的扶手不牢固，帅帅随着脱落的床把手重重地摔在地上。看到好友痛苦的表情，冬冬知道事情的严重性，急忙和宿舍其他同学将帅帅送到了卫生所。

专家点评

校舍和教室设施的安全是保证受教育者、教师及其他人员人身安全的重要前提，学校有义务随时检修，以保证学生及教师的安全。我国对此作出了很多规定，学校应严格执行，不得推脱责任。本案中发生学生被摔事故，就是因为学校没有尽到保护责任，对此学校应负责。

相关链接

近些年来，学校安全事故屡屡发生，如火灾、踩踏、交通事故等。1996年教育部等五部委联合发出通知，将每年3月最后一周的星期一定为全国中小学“安全教育日”。“安全工作无小事”，保护儿童、少年的合法权益，最重要的是保护他们的人身、财产安全。

谁之过

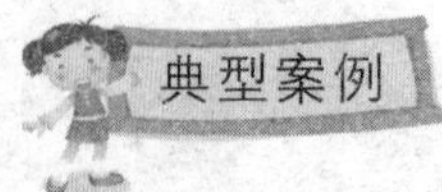

柴松，15岁，是一名初三学生，由于父母在外经商，他长期跟着溺爱他的奶奶生活。小学时，天资聪慧的柴松学习成绩十分优秀，每学期都被评为“三好学生”。但令父母不解的是，自从进入初中以后，柴松的性格逐渐变得怪异、任性和暴躁，并且经常纠集一些同学打群架。为什么一个聪明好学的尖子生会有如此大的变化呢?

原来那天柴松被同学王浩带去一个好地方，一个让他大开眼界的地方——个体书摊。柴松被书中打打杀杀，又刺激又好玩的内容迷上了，曾经将书拿到课堂上去看被老师发现，但他仍沉迷其中，整天满脑子都是些暴力、凶杀的场景，无心向学，结果在中考时，本来很有希望考入重点高中的他竟然连普通高中分数线也没过，他悔恨不已。

专家点评

未成年人正处于青春发育期，其辨别是非能力、抵抗不良影响的能力较弱，加上一些非法书商为牟取利润，违法制作、传播毒害未成年人的图书、报刊，或者利用网络向未成年人传播毒害未成年人的内容与信息，严重毒害和腐蚀了未成年人的思想，危害了未成年人的健康成长，甚至诱发了他们的违法犯罪活动。针对这种情况，一方面国家应加强立法执法力度，严厉打击这些违法活动；另一方面家长、老师也应时时注意检查孩子有无反常行为，对孩子进行正确的思想教育。作为未成年人自己，不要轻易相信别人，尽量去一些正规的书店看书，多读一些健康、积极向上的文化作品，拒绝与不良作品接触。

相关链接

根据《出版管理条例》第二十六条规定，任何出版物不得含有下列内容：

（一）反对宪法确定的基本原则的；

（二）危害国家统一、主权和领土完整的；

（三）泄露国家秘密、危害国家安全或者损害国家荣誉和利益的；

（四）煽动民族仇恨、民族歧视，破坏民族团结，或者侵害民族风俗、习惯的；

（五）宣扬邪教、迷信的；

（六）扰乱社会秩序，破坏社会稳定的；

（七）宣扬淫秽、赌博、暴力或者教唆犯罪的；

（八）侮辱或者诽谤他人，侵害他人合法权益的；

（九）危害社会公德或者民族优秀文化传统的；

（十）有法律、行政法规和国家规定禁止的其他内容的。

附录

人民检察院办理未成年人刑事案件的规定

（2002年3月25日最高人民检察院第九届检察委员会第105次会议通过）

第一章　总则

第一条　为切实保障未成年犯罪嫌疑人、被告人及未成年犯的合法权益，正确履行检察职责，根据《中华人民共和国刑法》、《中华人民共和国刑事诉讼法》、《中华人民共和国未成年人保护法》、《中华人民共和国预防未成年人犯罪法》等有关法律的规定，结合检察工作实际，制定本规定。

第二条　人民检察院办理未成年人刑事案件，必须以事实为根据，以法律为准绳，坚持教育为主、惩罚为辅以及区别对待的原则，贯彻教育、感化、挽救的方针。

第三条　人民检察院办理未成年人刑事案件，应当加强同公安机关、人民法院的联系，及时总结、交流经验。坚持分工负责、互相配合、互相制约的原则，注重社会效果，保证执法公正。

第四条　人民检察院要加强同政府有关部门、共青团、妇联、工会等人民团体以及学校和未成年人保护组织的联系，共同做好教育、挽救和预防未成年人犯罪工作。

第五条 人民检察院办理未成年人刑事案件，应当注意保护涉案未成年人的名誉。不得公开或者传播该未成年人的姓名、住所、照片及可能推断出该未成年人的资料。

人民检察院办理刑事案件，应当注意保护未成年被害人、证人的诉讼权利。

第六条 人民检察院应当指定专人办理未成年人刑事案件。

未成年人刑事案件一般由熟悉未成年人特点，善于做未成年人思想教育工作的女检察人员承办。

第七条 人民检察院办理未成年人刑事案件，应当考虑未成年人的生理和心理特点，根据其在校表现、家庭情况、犯罪原因、悔罪态度等，实施针对性教育。

第八条 未成年人刑事案件的法律文书和内部工作文书，应当注明未成年人的出生年月日。

对未成年犯罪嫌疑人、被告人、未成年犯的有关情况和办案人员开展教育感化工作的情况，应当记录在卷，随案移送。

第二章 审查批准逮捕

第九条 审查批准逮捕未成年犯罪嫌疑人，应当把是否已满十四、十六周岁的临界年龄，作为重要事实予以查清。对难以判断未成年犯罪嫌疑人实际年龄，影响案件认定的，应当作出不批准逮捕的决定，退回公安机关补充侦查。

第十条 审查批准逮捕未成年犯罪嫌疑人，应当注意是否有被胁迫情节，案件中是否存在教唆犯罪、传授犯罪方法犯罪或者利用未成年人实施的犯罪，而应当追究刑事责任的其他犯罪嫌疑人。

第十一条 人民检察院审查批准逮捕未成年人刑事案件，应当讯问未成年犯罪嫌疑人。

讯问未成年犯罪嫌疑人，应当根据该未成年人的特点和实际，制定详细的讯问提纲，采取最适宜该未成年人的方式进行，讯问用语准确易懂，教育用语生动有效。

讯问未成年犯罪嫌疑人，应当告知其依法享有的诉讼权利，告知其如实交代案件事实及自首、立功、从轻、减轻处罚的法律规定和意义，核实其是否有立功、检举揭发等表现，听取其有罪的供述或者无罪、罪轻的辩解。

讯问未成年犯罪嫌疑人，可以通知其法定代理人到场，告知其依法享有的诉讼权利和应当履行的义务。

讯问女性未成年犯罪嫌疑人应当由女检察人员担任。

第十二条 讯问未成年犯罪嫌疑人原则上不得使用戒具。对于确有现实危险，必须使用戒具的，在现实危险消除后，应当立即停止使用。

第十三条 严格掌握审查批准逮捕未成年犯罪嫌疑人的条件，对于罪行较轻，具备有效监护条件或者社会帮教措施，能够保证诉讼正常进行，并具有下列情形之一的，可以作出不批准逮捕决定：

（一）过失犯罪的；

（二）犯罪预备犯、中止犯、未遂犯，防卫过当、避险过当，共同犯罪中的从犯、胁从犯；

（三）犯罪后自首或者有立功表现的；

（四）犯罪后有明显悔罪表现，能够如实交代罪行，认识自己行为的危害性、违法性，积极退赃，尽力减少和赔偿损失的；

（五）具有其他没有逮捕必要情节的。

第十四条 适用本规定第十三条，在作出不批准逮捕决定前，应当审查其监护情况，参考其法定代理人、学校、单位、居住地公安派出所及居民委员会、村民委员会的意见。

第三章　审查起诉与出庭支持公诉

第十五条　人民检察院审查起诉未成年人刑事案件，自受理之日起三日内，应当告知该未成年犯罪嫌疑人及其法定代理人有权委托辩护人，并讲明法律意义。

对本人或者其法定代理人提出聘请律师意向，但因经济困难或者其他原因没有委托辩护人的，应当帮助其申请法律援助。

审查起诉未成年犯罪嫌疑人，应当听取其父母或者其他法定代理人、辩护人、未成年被害人及其法定代理人的意见。可以结合社会调查，通过学校、家庭等有关组织和人员，了解未成年犯罪嫌疑人的成长经历、家庭环境、个性特点、社会活动等情况，为办案提供参考。

第十六条　人民检察院审查起诉未成年人刑事案件，应当讯问未成年犯罪嫌疑人。讯问未成年犯罪嫌疑人适用本规定第十一条、第十二条。

第十七条　制作起诉书，应当依法建议人民法院对未成年被告人予以从轻或者减轻处罚。

第十八条　对未成年被告人提起公诉，应将有效证明该未成年人年龄的材料作为主要证据复印件之一移送人民法院。

第十九条　对提起公诉的未成年人刑事案件，应当认真做好出席法庭的准备工作：

（一）掌握未成年被告人的心理状态，并对其进行接受审判的教育；

（二）可以与未成年被告人的辩护人交换意见，实行证据开示，共同做好教育、感化工作。

第二十条　人民检察院提起公诉的未成年人与成年人共同犯罪案件，不妨碍案件审理的，应当分开办理。

第二十一条　人民检察院提起公诉的案件，征得未成年人及其法定代理人同意后，一般不提请未成年证人、被害人出庭作证。

第二十二条 公诉人出庭支持公诉，应当充分阐述未成年被告人构成犯罪以及从轻、减轻或免除处罚的情节和法律依据。

对于具有下列情形之一，依法可能判处三年以下有期徒刑、拘役，悔罪态度较好，具备有效帮教条件、适用缓刑确实不致再危害社会的未成年被告人，公诉人应当建议法院适用缓刑：

（一）犯罪情节较轻，未造成严重后果的；

（二）主观恶性不深的初犯或者胁从犯、从犯；

（三）被害人要求和解或者被害方有明显过错，并且请求对被告人免予刑事处罚的。

公诉人在依法指控犯罪的同时，要剖析未成年被告人犯罪的原因、社会危害性，适时进行法制教育及人生观教育。

第二十三条 人民检察院对于符合适用简易程序审理条件，有利于对未成年被告人教育的，应当向人民法院提出适用简易程序的建议。

适用简易程序审理的未成年人刑事案件，人民检察院应当协助人民法院落实法庭教育工作。

第二十四条 人民检察院对于符合《中华人民共和国刑事诉讼法》第十五条规定情形之一的未成年犯罪嫌疑人，应当作出不起诉决定。

对于犯罪情节轻微，依照刑法规定不需要判处刑罚或者可以免除刑罚处罚的未成年人，可以作出不起诉决定。

对于经补充侦查的未成年人刑事案件，人民检察院仍然认为证据不足，不符合起诉条件的，可以作出不起诉的决定。

第二十五条 不起诉决定书，应当向被不起诉的未成年人及其法定代理人公开宣布，并向未成年人及其法定代理人阐明不起诉的理由和法律依据。

不起诉决定书应当送达被不起诉的未成年人及其法定代理人，并告知被不起诉人及其法定代理人依法享有的申诉等权利。

第四章 刑事诉讼法律监督

第二十六条 公安机关违反法律和《公安机关办理未成年人违法犯罪案件的规定》，对未成年人涉嫌犯罪的案件应当立案侦查而不立案侦查的，人民检察院应当要求公安机关说明不立案的理由。人民检察院认为公安机关不立案理由不能成立的，应当通知公安机关立案。

未成年被害人或其法定代理人认为公安机关对应当立案侦查的案件而不立案侦查，向人民检察院提出的，依照前款规定办理。

第二十七条 人民检察院对于公安机关不应当立案而立案侦查的未成年人刑事案件，应当向公安机关提出纠正违法意见。

第二十八条 审查批准逮捕、审查起诉未成年人刑事案件，应当同时审查公安机关的侦查活动是否合法，发现有下列违法行为的，应当提出意见；构成犯罪的，依法追究刑事责任：

（一）违法对未成年犯罪嫌疑人采取强制措施或者采取强制措施不当的；

（二）未依法实行对未成年犯罪嫌疑人与成年犯罪嫌疑人分管、分押的；

（三）对未成年犯罪嫌疑人采取刑事拘留、逮捕措施后，在法定时限内未对其讯问，或者未通知其法定代理人或者近亲属的；

（四）对未成年犯罪嫌疑人威胁、体罚、侮辱人格、游行示众，或者刑讯逼供、指供诱供的；

（五）利用未成年人故意制造冤、假、错案的；

（六）对未成年被害人、证人以诱骗等非法手段收集证据或者侵害未成年被害人、证人的人格尊严及隐私权等合法权益的；

（七）违反羁押和办案期限规定的；

（八）对已作出的不批准逮捕、不起诉决定，公安机关不予执行或延期执行的；

（九）在侦查中有其他侵害未成年人合法权益行为的。

第二十九条 公诉人出庭支持公诉时，发现法庭审判违反法律规定的诉讼程序，应当在休庭后及时向本院检察长报告，由人民检察院向人民法院提出意见。遇有下列情况，履行职务的检察人员可以及时向法庭提出纠正意见：

（一）依法不应公开审理而宣布公开审理的；

（二）开庭或宣告判决时未通知未成年被告人的法定代理人到庭的；

（三）未成年被告人在审判时没有委托辩护人，而人民法院也未指定承担法律援助义务的律师为其提供辩护的；对未成年被告人及其法定代理人依法律规定拒绝辩护人为其辩护，合议庭未予准许，未宣布延期审理，未另行指定辩护律师的；

（四）法庭未详细告知未成年被告人及其法定代理人依法享有的申请回避、辩护、提出新的证据、申请重新鉴定或者勘验、最后陈述、提出上诉等诉讼权利的。

第三十条 审查未成年人刑事案件的判决、裁定时，应当注意审查该判决、裁定是否符合法律规定和最高人民法院《关于审理未成年人刑事案件的若干规定》的要求，确有错误的，依法提出抗诉。

第三十一条 人民检察院依法对未成年犯管教所、拘役所中未成年犯执行刑罚和公安机关对监外未成年犯执行刑罚的活动是否合法，实行监督。

第三十二条 人民检察院依法对未成年犯管教所实行驻所检察。在刑罚执行监督中，发现未成年犯管教所收押成年罪犯或关押成年罪犯的监狱收押未成年犯的，应当依法提出纠正。

发现对年满十八周岁后余刑在二年以上的罪犯没有转送监狱的，或者混押被政府收容教养的未成年人的，应当依法提出纠正。

人民检察院在看守所检察中，发现对余刑不满一年的未成年犯留所服刑的，应当依法提出纠正。

第三十三条 人民检察院发现拘役所对未成年犯没有与成年罪犯分押分管的，或者违反规定混押被判处徒刑的未成年犯的，应当依法提出纠正。

第三十四条 人民检察院加强对关押未成年犯场所的安全防范、卫生防疫、生活环境等狱务的监督，确保监管改造秩序和教学、劳动、生活秩序。

人民检察院配合执行机关加强对未成年犯的政治、法律、文化教育和技术培训，促进依法、科学、文明监管。

人民检察院发现执行机关对未成年犯体罚虐待、侮辱人格、刑讯逼供、违规强迫劳动、违法使用戒具、禁闭不当、刑期届满未按时释放等问题，应当依法及时纠正；构成犯罪的，依法追究刑事责任。

对于未成年犯在服刑期间又犯罪的案件和未成年犯提出的刑事申诉、控告、检举案件，应指定专人及时办理。

第三十五条 人民检察院依法对未成年犯的减刑、假释、暂予监外执行、收监执行实行监督。对符合减刑、假释法定条件的，应当建议执行机关向审批机关呈报；发现呈报或裁定不当的，应当依法提出纠正；对徇私舞弊减刑、假释、暂予监外执行等构成犯罪的，依法追究刑事责任。

人民检察院发现公安机关对管制、缓刑、假释等未成年犯脱管、漏管或者没有落实帮教措施的，应当依法提出纠正。

第五章 刑事申诉检察

第三十六条 人民检察院依法受理未成年人及其法定代理人提出的刑事申诉案件。

复查未成年人刑事申诉案件和刑事赔偿案件，指派检察人员及时办理。

第三十七条 人民检察院复查未成年人刑事申诉案件，应当直接听取未成年人及其法定代理人的陈述或辩解，认真审核、查证与案件有关的证据和线索，查清事实。

第三十八条 对已复查纠正的未成年人刑事申诉案件，应当配合有关部门做好善后工作。

第六章 附则

第三十九条 本规定所称未成年人刑事案件，是指犯罪嫌疑人实施涉嫌犯罪时已满十四周岁、未满十八周岁的刑事案件。

第四十条 实施犯罪行为的年龄，一律按公历的年、月、日计算。从周岁生日的第二天起，为已满××周岁。

第四十一条 人民检察院办理未成年人刑事案件适用《人民检察院刑事诉讼规则》的有关规定。本规定有特别规定的，适用本规定。

本规定由最高人民检察院负责解释。

第四十二条 本规定自发布之日起施行。

中华人民共和国义务教育法

（1986年4月12日第六届全国人民代表大会第四次会议通过 2006年6月29日第十届全国人民代表大会常务委员会第二十二次会议修订）

第一章 总则

第一条 为了保障适龄儿童、少年接受义务教育的权利，保证义务教育的实施，提高全民族素质，根据宪法和教育法，制定本法。

第二条 国家实行九年义务教育制度。

义务教育是国家统一实施的所有适龄儿童、少年必须接受的教育，是国家必须予以保障的公益性事业。

实施义务教育，不收学费、杂费。

国家建立义务教育经费保障机制，保证义务教育制度实施。

第三条 义务教育必须贯彻国家的教育方针，实施素质教育，提高教育质量，使适龄儿童、少年在品德、智力、体质等方面全面发展，为培养有理想、有道德、有文化、有纪律的社会主义建设者和接班人奠定基础。

第四条 凡具有中华人民共和国国籍的适龄儿童、少年，不分性别、民族、种族、家庭财产状况、宗教信仰等，依法享有平等接受义务教育的权利，并履行接受义务教育的义务。

第五条 各级人民政府及其有关部门应当履行本法规定的各项职责，保障适龄儿童、少年接受义务教育的权利。

适龄儿童、少年的父母或者其他法定监护人应当依法保证其按时入学接受并完成义务教育。

依法实施义务教育的学校应当按照规定标准完成教育教学任务，保证教育教学质量。

社会组织和个人应当为适龄儿童、少年接受义务教育创造良好的环境。

第六条 国务院和县级以上地方人民政府应当合理配置教育资源，促进义务教育均衡发展，改善薄弱学校的办学条件，并采取措施，保障农村地区、民族地区实施义务教育，保障家庭经济困难的和残疾的适龄儿童、少年接受义务教育。

国家组织和鼓励经济发达地区支援经济欠发达地区实施义务教育。

第七条 义务教育实行国务院领导，省、自治区、直辖市人民政府统筹规划实施，县级人民政府为主管理的体制。

县级以上人民政府教育行政部门具体负责义务教育实施工作；县级以上人民政府其他有关部门在各自的职责范围内负责义务教育实施工作。

第八条 人民政府教育督导机构对义务教育工作执行法律法规情况、教育教学质量以及义务教育均衡发展状况等进行督导，督导报告向社会公布。

第九条 任何社会组织或者个人有权对违反本法的行为向有关国家机关提出检举或者控告。

发生违反本法的重大事件，妨碍义务教育实施，造成重大社会影响的，负有领导责任的人民政府或者人民政府教育行政部门负责人应当引咎辞职。

第十条 对在义务教育实施工作中作出突出贡献的社会组织和个人，各级人民政府及其有关部门按照有关规定给予表彰、奖励。

第二章 学生

第十一条 凡年满六周岁的儿童，其父母或者其他法定监护人应当送其入学接受并完成义务教育；条件不具备的地区的儿童，可以推迟到七周岁。

适龄儿童、少年因身体状况需要延缓入学或者休学的，其父母或者其他法定监护人应当提出申请，由当地乡镇人民政府或者县级人民政府教育行政部门批准。

第十二条 适龄儿童、少年免试入学。地方各级人民政府应当保障适龄儿童、少年在户籍所在地学校就近入学。

父母或者其他法定监护人在非户籍所在地工作或者居住的适龄儿童、少年，在其父母或者其他法定监护人工作或者居住地接受义务教育的，当地人民政府应当为其提供平等接受义务教育的条件。具体办法由省、自治区、直辖市规定。

县级人民政府教育行政部门对本行政区域内的军人子女接受义务教育

予以保障。

第十三条 县级人民政府教育行政部门和乡镇人民政府组织和督促适龄儿童、少年入学，帮助解决适龄儿童、少年接受义务教育的困难，采取措施防止适龄儿童、少年辍学。

居民委员会和村民委员会协助政府做好工作，督促适龄儿童、少年入学。

第十四条 禁止用人单位招用应当接受义务教育的适龄儿童、少年。

根据国家有关规定经批准招收适龄儿童、少年进行文艺、体育等专业训练的社会组织，应当保证所招收的适龄儿童、少年接受义务教育；自行实施义务教育的，应当经县级人民政府教育行政部门批准。

第三章 学校

第十五条 县级以上地方人民政府根据本行政区域内居住的适龄儿童、少年的数量和分布状况等因素，按照国家有关规定，制定、调整学校设置规划。新建居民区需要设置学校的，应当与居民区的建设同步进行。

第十六条 学校建设，应当符合国家规定的办学标准，适应教育教学需要；应当符合国家规定的选址要求和建设标准，确保学生和教职工安全。

第十七条 县级人民政府根据需要设置寄宿制学校，保障居住分散的适龄儿童、少年入学接受义务教育。

第十八条 国务院教育行政部门和省、自治区、直辖市人民政府根据需要，在经济发达地区设置接收少数民族适龄儿童、少年的学校（班）。

第十九条 县级以上地方人民政府根据需要设置相应的实施特殊教育的学校（班），对视力残疾、听力语言残疾和智力残疾的适龄儿童、少年实施义务教育。特殊教育学校（班）应当具备适应残疾儿童、少年学习、康复、生活特点的场所和设施。

普通学校应当接收具有接受普通教育能力的残疾适龄儿童、少年随班就读，并为其学习、康复提供帮助。

第二十条　县级以上地方人民政府根据需要，为具有预防未成年人犯罪法规定的严重不良行为的适龄少年设置专门的学校实施义务教育。

第二十一条　对未完成义务教育的未成年犯和被采取强制性教育措施的未成年人应当进行义务教育，所需经费由人民政府予以保障。

第二十二条　县级以上人民政府及其教育行政部门应当促进学校均衡发展，缩小学校之间办学条件的差距，不得将学校分为重点学校和非重点学校。学校不得分设重点班和非重点班。

县级以上人民政府及其教育行政部门不得以任何名义改变或者变相改变公办学校的性质。

第二十三条　各级人民政府及其有关部门依法维护学校周边秩序，保护学生、教师、学校的合法权益，为学校提供安全保障。

第二十四条　学校应当建立、健全安全制度和应急机制，对学生进行安全教育，加强管理，及时消除隐患，预防发生事故。

县级以上地方人民政府定期对学校校舍安全进行检查；对需要维修、改造的，及时予以维修、改造。

学校不得聘用曾经因故意犯罪被依法剥夺政治权利或者其他不适合从事义务教育工作的人担任工作人员。

第二十五条　学校不得违反国家规定收取费用，不得以向学生推销或者变相推销商品、服务等方式谋取利益。

第二十六条　学校实行校长负责制。校长应当符合国家规定的任职条件。校长由县级人民政府教育行政部门依法聘任。

第二十七条　对违反学校管理制度的学生，学校应当予以批评教育，不得开除。

第四章 教师

第二十八条 教师享有法律规定的权利，履行法律规定的义务，应当为人师表，忠诚于人民的教育事业。

全社会应当尊重教师。

第二十九条 教师在教育教学中应当平等对待学生，关注学生的个体差异，因材施教，促进学生的充分发展。

教师应当尊重学生的人格，不得歧视学生，不得对学生实施体罚、变相体罚或者其他侮辱人格尊严的行为，不得侵犯学生合法权益。

第三十条 教师应当取得国家规定的教师资格。

国家建立统一的义务教育教师职务制度。教师职务分为初级职务、中级职务和高级职务。

第三十一条 各级人民政府保障教师工资福利和社会保险待遇，改善教师工作和生活条件；完善农村教师工资经费保障机制。

教师的平均工资水平应当不低于当地公务员的平均工资水平。

特殊教育教师享有特殊岗位补助津贴。在民族地区和边远贫困地区工作的教师享有艰苦贫困地区补助津贴。

第三十二条 县级以上人民政府应当加强教师培养工作，采取措施发展教师教育。

县级人民政府教育行政部门应当均衡配置本行政区域内学校师资力量，组织校长、教师的培训和流动，加强对薄弱学校的建设。

第三十三条 国务院和地方各级人民政府鼓励和支持城市学校教师和高等学校毕业生到农村地区、民族地区从事义务教育工作。

国家鼓励高等学校毕业生以志愿者的方式到农村地区、民族地区缺乏教师的学校任教。县级人民政府教育行政部门依法认定其教师资格，其任教时间计入工龄。

第五章　教育教学

第三十四条　教育教学工作应当符合教育规律和学生身心发展特点，面向全体学生，教书育人，将德育、智育、体育、美育等有机统一在教育教学活动中，注重培养学生独立思考能力、创新能力和实践能力，促进学生全面发展。

第三十五条　国务院教育行政部门根据适龄儿童、少年身心发展的状况和实际情况，确定教学制度、教育教学内容和课程设置，改革考试制度，并改进高级中等学校招生办法，推进实施素质教育。

学校和教师按照确定的教育教学内容和课程设置开展教育教学活动，保证达到国家规定的基本质量要求。

国家鼓励学校和教师采用启发式教育等教育教学方法，提高教育教学质量。

第三十六条　学校应当把德育放在首位，寓德育于教育教学之中，开展与学生年龄相适应的社会实践活动，形成学校、家庭、社会相互配合的思想道德教育体系，促进学生养成良好的思想品德和行为习惯。

第三十七条　学校应当保证学生的课外活动时间，组织开展文化娱乐等课外活动。社会公共文化体育设施应当为学校开展课外活动提供便利。

第三十八条　教科书根据国家教育方针和课程标准编写，内容力求精简，精选必备的基础知识、基本技能，经济实用，保证质量。

国家机关工作人员和教科书审查人员，不得参与或者变相参与教科书的编写工作。

第三十九条　国家实行教科书审定制度。教科书的审定办法由国务院教育行政部门规定。

未经审定的教科书，不得出版、选用。

第四十条 教科书由国务院价格行政部门会同出版行政部门按照微利原则确定基准价。省、自治区、直辖市人民政府价格行政部门会同出版行政部门按照基准价确定零售价。

第四十一条 国家鼓励教科书循环使用。

第六章 经费保障

第四十二条 国家将义务教育全面纳入财政保障范围，义务教育经费由国务院和地方各级人民政府依照本法规定予以保障。

国务院和地方各级人民政府将义务教育经费纳入财政预算，按照教职工编制标准、工资标准和学校建设标准、学生人均公用经费标准等，及时足额拨付义务教育经费，确保学校的正常运转和校舍安全，确保教职工工资按照规定发放。

国务院和地方各级人民政府用于实施义务教育财政拨款的增长比例应当高于财政经常性收入的增长比例，保证按照在校学生人数平均的义务教育费用逐步增长，保证教职工工资和学生人均公用经费逐步增长。

第四十三条 学校的学生人均公用经费基本标准由国务院财政部门会同教育行政部门制定，并根据经济和社会发展状况适时调整。制定、调整学生人均公用经费基本标准，应当满足教育教学基本需要。

省、自治区、直辖市人民政府可以根据本行政区域的实际情况，制定不低于国家标准的学校学生人均公用经费标准。

特殊教育学校（班）学生人均公用经费标准应当高于普通学校学生人均公用经费标准。

第四十四条 义务教育经费投入实行国务院和地方各级人民政府根据职责共同负担，省、自治区、直辖市人民政府负责统筹落实的体制。农村义务教育所需经费，由各级人民政府根据国务院的规定分项目、按比例分担。

各级人民政府对家庭经济困难的适龄儿童、少年免费提供教科书并补助寄宿生生活费。

义务教育经费保障的具体办法由国务院规定。

第四十五条 地方各级人民政府在财政预算中将义务教育经费单列。

县级人民政府编制预算，除向农村地区学校和薄弱学校倾斜外，应当均衡安排义务教育经费。

第四十六条 国务院和省、自治区、直辖市人民政府规范财政转移支付制度，加大一般性转移支付规模和规范义务教育专项转移支付，支持和引导地方各级人民政府增加对义务教育的投入。地方各级人民政府确保将上级人民政府的义务教育转移支付资金按照规定用于义务教育。

第四十七条 国务院和县级以上地方人民政府根据实际需要，设立专项资金，扶持农村地区、民族地区实施义务教育。

第四十八条 国家鼓励社会组织和个人向义务教育捐赠，鼓励按照国家有关基金会管理的规定设立义务教育基金。

第四十九条 义务教育经费严格按照预算规定用于义务教育；任何组织和个人不得侵占、挪用义务教育经费，不得向学校非法收取或者摊派费用。

第五十条 县级以上人民政府建立健全义务教育经费的审计监督和统计公告制度。

第七章 法律责任

第五十一条 国务院有关部门和地方各级人民政府违反本法第六章的规定，未履行对义务教育经费保障职责的，由国务院或者上级地方人民政府责令限期改正；情节严重的，对直接负责的主管人员和其他直接责任人员依法给予行政处分。

第五十二条 县级以上地方人民政府有下列情形之一的，由上级人民政府责令限期改正；情节严重的，对直接负责的主管人员和其他直接责任人员依法给予行政处分：

（一）未按照国家有关规定制定、调整学校的设置规划的；

（二）学校建设不符合国家规定的办学标准、选址要求和建设标准的；

（三）未定期对学校校舍安全进行检查，并及时维修、改造的；

（四）未依照本法规定均衡安排义务教育经费的。

第五十三条 县级以上人民政府或者其教育行政部门有下列情形之一的，由上级人民政府或者其教育行政部门责令限期改正、通报批评；情节严重的，对直接负责的主管人员和其他直接责任人员依法给予行政处分：

（一）将学校分为重点学校和非重点学校的；

（二）改变或者变相改变公办学校性质的。

县级人民政府教育行政部门或者乡镇人民政府未采取措施组织适龄儿童、少年入学或者防止辍学的，依照前款规定追究法律责任。

第五十四条 有下列情形之一的，由上级人民政府或者上级人民政府教育行政部门、财政部门、价格行政部门和审计机关根据职责分工责令限期改正；情节严重的，对直接负责的主管人员和其他直接责任人员依法给予处分：

（一）侵占、挪用义务教育经费的；

（二）向学校非法收取或者摊派费用的。

第五十五条 学校或者教师在义务教育工作中违反教育法、教师法规定的，依照教育法、教师法的有关规定处罚。

第五十六条 学校违反国家规定收取费用的，由县级人民政府教育行政部门责令退还所收费用；对直接负责的主管人员和其他直接责任人员依法给予处分。

学校以向学生推销或者变相推销商品、服务等方式谋取利益的，由县级人民政府教育行政部门给予通报批评；有违法所得的，没收违法所得；对直接负责的主管人员和其他直接责任人员依法给予处分。

国家机关工作人员和教科书审查人员参与或者变相参与教科书编写的，由县级以上人民政府或者其教育行政部门根据职责权限责令限期改正，依法给予行政处分；有违法所得的，没收违法所得。

第五十七条 学校有下列情形之一的，由县级人民政府教育行政部门责令限期改正；情节严重的，对直接负责的主管人员和其他直接责任人员依法给予处分：

（一）拒绝接收具有接受普通教育能力的残疾适龄儿童、少年随班就读的；

（二）分设重点班和非重点班的；

（三）违反本法规定开除学生的；

（四）选用未经审定的教科书的。

第五十八条 适龄儿童、少年的父母或者其他法定监护人无正当理由未依照本法规定送适龄儿童、少年入学接受义务教育的，由当地乡镇人民政府或者县级人民政府教育行政部门给予批评教育，责令限期改正。

第五十九条 有下列情形之一的，依照有关法律、行政法规的规定予以处罚：

（一）胁迫或者诱骗应当接受义务教育的适龄儿童、少年失学、辍学的；

（二）非法招用应当接受义务教育的适龄儿童、少年的；

（三）出版未经依法审定的教科书的。

第六十条 违反本法规定，构成犯罪的，依法追究刑事责任。

第八章　附则

第六十一条 对接受义务教育的适龄儿童、少年不收杂费的实施步骤，由国务院规定。

第六十二条 社会组织或者个人依法举办的民办学校实施义务教育的，依照民办教育促进法有关规定执行；民办教育促进法未作规定的，适用本法。

第六十三条 本法自2006年9月1日起施行。

学生伤害事故处理办法

教育部发布第12号教育部令，颁布了《学生伤害事故处理办法》，对学生在校期间所发生的人身伤害事故的预防与处理作出了具体规范。该《办法》自2002年9月1日起施行。

第一章 总则

第一条 为积极预防、妥善处理在校学生伤害事故，保护学生、学校的合法权益，根据《中华人民共和国教育法》、《中华人民共和国未成年人保护法》和其他相关法律、行政法规及有关规定，制定本办法。

第二条 在学校实施的教育教学活动或者学校组织的校外活动中，以及在学校负有管理责任的校舍、场地、其他教育教学设施、生活设施内发生的，造成在校学生人身损害后果的事故的处理，适用本办法。

第三条 学生伤害事故应当遵循依法、客观公正、合理适当的原则，及时、妥善地处理。

第四条 学校的举办者应当提供符合安全标准的校舍、场地、其他教育教学设施和生活设施。 教育行政部门应当加强学校安全工作，指导学校落实预防学生伤害事故的措施，指导、协助学校妥善处理学生伤害事故，维护学校正常的教育教学秩序。

第五条 学校应当对在校学生进行必要的安全教育和自护自救教育；应当按照规定，建立健全安全制度，采取相应的管理措施，预防和消除教育教学环境中存在的安全隐患；当发生伤害事故时，应当及时采取措施救助受伤害学生。学校对学生进行安全教育、管理和保护，应当针对学生年龄、认知能力和法律行为能力的不同，采用相应的内容和预防措施。

第六条 学生应当遵守学校的规章制度和纪律；在不同的受教育阶段，应当根据自身的年龄、认知能力和法律行为能力，避免和消除相应的危险。

第七条 未成年学生的父母或者其他监护人（以下称为监护人）应当依法履行监护职责，配合学校对学生进行安全教育、管理和保护工作。学校对未成年学生不承担监护职责，但法律有规定的或者学校依法接受委托承担相应监护职责的情形除外。

第二章 事故与责任

第八条 学生伤害事故的责任，应当根据相关当事人的行为与损害后果之间的因果关系依法确定。因学校、学生或者其他相关当事人的过错造成的学生伤害事故，相关当事人应当根据其行为过错程度的比例及其与损害后果之间的因果关系承担相应的责任。当事人的行为是损害后果发生的主要原因，应当承担主要责任；当事人的行为是损害后果发生的非主要原因，承担相应的责任。

第九条 因下列情形之一造成的学生伤害事故，学校应当依法承担相应的责任：

（一）学校的校舍、场地、其他公共设施，以及学校提供给学生使用的学具、教育教学和生活设施、设备不符合国家规定的标准，或者有明显不安全因素的；

（二）学校的安全保卫、消防、设施设备管理等安全管理制度有明显疏漏，或者管理混乱，存在重大安全隐患，而未及时采取措施的；

（三）学校向学生提供的药品、食品、饮用水等不符合国家或者行业的有关标准、要求的；

（四）学校组织学生参加教育教学活动或者校外活动，未对学生进行相应的安全教育，并未在可预见的范围内采取必要的安全措施的；

（五）学校知道教师或者其他工作人员患有不适宜担任教育教学工作的疾病，但未采取必要措施的；

（六）学校违反有关规定，组织或者安排未成年学生从事不宜未成年人参加的劳动、体育运动或者其他活动的；

（七）学生有特异体质或者特定疾病，不宜参加某种教育教学活动，学校知道或者应当知道，但未予以必要的注意的；

（八）学生在校期间突发疾病或者受到伤害，学校发现，但未根据实际情况及时采取相应措施，导致不良后果加重的；

（九）学校教师或者其他工作人员体罚或者变相体罚学生，或者在履行职责过程中违反工作要求、操作规程、职业道德或者其他有关规定的；

（十）学校教师或者其他工作人员在负有组织、管理未成年学生的职责期间，发现学生行为具有危险性，但未进行必要的管理、告诫或者制止的；

（十一）对未成年学生擅自离校等与学生人身安全直接相关的信息，学校发现或者知道，但未及时告知未成年学生的监护人，导致未成年学生因脱离监护人的保护而发生伤害的；

（十二）学校有未依法履行职责的其他情形的。

第十条 学生或者未成年学生监护人由于过错，有下列情形之一，造成学生伤害事故，应当依法承担相应的责任：

（一）学生违反法律法规的规定，违反社会公共行为准则、学校的规章制度或者纪律，实施按其年龄和认知能力应当知道具有危险或者可能危及他人的行为的；

（二）学生行为具有危险性，学校、教师已经告诫、纠正，但学生不听劝阻、拒不改正的；

（三）学生或者其监护人知道学生有特异体质，或者患有特定疾病，但未告知学校的；

（四）未成年学生的身体状况、行为、情绪等有异常情况，监护人知道或者已被学校告知，但未履行相应监护职责的；

（五）学生或者未成年学生监护人有其他过错的。

第十一条 学校安排学生参加活动，因提供场地、设备、交通工具、食品及其他消费与服务的经营者，或者学校以外的活动组织者的过错造成的学生伤害事故，有过错的当事人应当依法承担相应的责任。

第十二条 因下列情形之一造成的学生伤害事故，学校已履行了相应职责，行为并无不当的，无法律责任：

（一）地震、雷击、台风、洪水等不可抗的自然因素造成的；

（二）来自学校外部的突发性、偶发性侵害造成的；

（三）学生有特异体质、特定疾病或者异常心理状态，学校不知道或者难于知道的；

（四）学生自杀、自伤的；

（五）在对抗性或者具有风险性的体育竞赛活动中发生意外伤害的；

（六）其他意外因素造成的。

第十三条 下列情形下发生的造成学生人身损害后果的事故，学校行为并无不当的，不承担事故责任；事故责任应当按有关法律法规或者其他有关规定认定：

（一）在学生自行上学、放学、返校、离校途中发生的；

（二）在学生自行外出或者擅自离校期间发生的；

（三）在放学后、节假日或者假期等学校工作时间以外，学生自行滞留学校或者自行到校发生的；

（四）其他在学校管理职责范围外发生的。

第十四条 因学校教师或者其他工作人员与其职务无关的个人行为，

或者因学生、教师及其他个人故意实施的违法犯罪行为，造成学生人身损害的，由致害人依法承担相应的责任。

第三章　事故处理程序

第十五条　发生学生伤害事故，学校应当及时救助受伤害学生，并应当及时告知未成年学生的监护人；有条件的，应当采取紧急救援等方式救助。

第十六条　发生学生伤害事故，情形严重的，学校应当及时向主管教育行政部门及有关部门报告；属于重大伤亡事故的，教育行政部门应当按照有关规定及时向同级人民政府和上一级教育行政部门报告。

第十七条　学校的主管教育行政部门应学校要求或者认为必要，可以指导、协助学校进行事故的处理工作，尽快恢复学校正常的教育教学秩序。

第十八条　发生学生伤害事故，学校与受伤害学生或者学生家长可以通过协商方式解决；双方自愿，可以书面请求主管教育行政部门进行调解。成年学生或者未成年学生的监护人也可以依法直接提起诉讼。

第十九条　教育行政部门收到调解申请，认为必要的，可以指定专门人员进行调解，并应当在受理申请之日起60日内完成调解。

第二十条　经教育行政部门调解，双方就事故处理达成一致意见的，应当在调解人员的见证下签订调解协议，结束调解；在调解期限内，双方不能达成一致意见，或者调解过程中一方提起诉讼，人民法院已经受理的，应当终止调解。调解结束或者终止，教育行政部门应当书面通知当事人。

第二十一条　对经调解达成的协议，一方当事人不履行或者反悔的，双方可以依法提起诉讼。

第二十二条　事故处理结束，学校应当将事故处理结果书面报告主管的教育行政部门；重大伤亡事故的处理结果，学校主管的教育行政部门应当向同级人民政府和上一级教育行政部门报告。

第四章　事故损害的赔偿

第二十三条　对发生学生伤害事故负有责任的组织或者个人，应当按照法律法规的有关规定，承担相应的损害赔偿责任。

第二十四条　学生伤害事故赔偿的范围与标准，按照有关行政法规、地方性法规或者最高人民法院司法解释中的有关规定确定。教育行政部门进行调解时，认为学校有责任的，可以依照有关法律法规及国家有关规定，提出相应的调解方案。

第二十五条　对受伤害学生的伤残程度存在争议的，可以委托当地具有相应鉴定资格的医院或者有关机构，依据国家规定的人体伤残标准进行鉴定。

第二十六条　学校对学生伤害事故负有责任的，根据责任大小，适当予以经济赔偿，但不承担解决户口、住房、就业等与救助受伤害学生、赔偿相应经济损失无直接关系的其他事项。学校无责任的，如果有条件，可以根据实际情况，本着自愿和可能的原则，对受伤害学生给予适当的帮助。

第二十七条　因学校教师或者其他工作人员在履行职务中的故意或者重大过失造成的学生伤害事故，学校予以赔偿后，可以向有关责任人员追偿。

第二十八条　未成年学生对学生伤害事故负有责任的，由其监护人依法承担相应的赔偿责任。学生的行为侵害学校教师及其他工作人员以及其他组织、个人的合法权益，造成损失的，成年学生或者未成年学生的监护人应当依法予以赔偿。

第二十九条　根据双方达成的协议、经调解形成的协议或者人民法院的生效判决，应当由学校负担的赔偿金，学校应当负责筹措；学校无力完全筹措的，由学校的主管部门或者举办者协助筹措。

第三十条 县级以上人民政府教育行政部门或者学校举办者有条件的，可以通过设立学生伤害赔偿准备金等多种形式，依法筹措伤害赔偿金。

第三十一条 学校有条件的，应当依据保险法的有关规定，参加学校责任保险。教育行政部门可以根据实际情况，鼓励中小学参加学校责任保险。提倡学生自愿参加意外伤害保险。在尊重学生意愿的前提下，学校可以为学生参加意外伤害保险创造便利条件，但不得从中收取任何费用。

第五章 事故责任者的处理

第三十二条 发生学生伤害事故，学校负有责任且情节严重的，教育行政部门应当根据有关规定，对学校的直接负责的主管人员和其他直接责任人员，分别给予相应的行政处分；有关责任人的行为触犯刑律的，应当移送司法机关依法追究刑事责任。

第三十三条 学校管理混乱，存在重大安全隐患的，主管的教育行政部门或者其他有关部门应当责令其限期整顿；对情节严重或者拒不改正的，应当依据法律法规的有关规定，给予相应的行政处罚。

第三十四条 教育行政部门未履行相应职责，对学生伤害事故的发生负有责任的，由有关部门对直接负责的主管人员和其他直接责任人员分别给予相应的行政处分；有关责任人的行为触犯刑律的，应当移送司法机关依法追究刑事责任。

第三十五条 违反学校纪律，对造成学生伤害事故负有责任的学生，学校可以给予相应的处分；触犯刑律的，由司法机关依法追究刑事责任。

第三十六条 受伤害学生的监护人、亲属或者其他有关人员，在事故处理过程中无理取闹，扰乱学校正常教育教学秩序，或者侵犯学校、学校教师或者其他工作人员的合法权益的，学校应当报告公安机关依法处理；造成损失的，可以依法要求赔偿。

第六章　附则

第三十七条　本办法所称学校，是指国家或者社会力量举办的全日制的中小学（含特殊教育学校）、各类中等职业学校、高等学校。本办法所称学生是指在上述学校中全日制就读的受教育者。

第三十八条　幼儿园发生的幼儿伤害事故，应当根据幼儿为完全无行为能力人的特点，参照本办法处理。

第三十九条　其他教育机构发生的学生伤害事故，参照本办法处理。在学校注册的其他受教育者在学校管理范围内发生的伤害事故，参照本办法处理。

第四十条　本办法自2002年9月1日起实施，原国家教委、教育部颁布的与学生人身安全事故处理有关的规定，与本办法不符的，以本办法为准。在本办法实施之前已处理完毕的学生伤害事故不再重新处理。

中华人民共和国未成年人保护法

（1991年9月4日第七届全国人民代表大会常务委员会第二十一次会议通过　2006年12月29日第十届全国人民代表大会常务委员会第二十五次会议修订　2006年12月29日中华人民共和国主席令第六十号公布）

第一章　总则

第一条　为了保护未成年人的身心健康，保障未成年人的合法权益，促进未成年人在品德、智力、体质等方面全面发展，培养有理想、有道德、有文化、有纪律的社会主义建设者和接班人，根据宪法，制定本法。

第二条 本法所称未成年人是指未满十八周岁的公民。

第三条 未成年人享有生存权、发展权、受保护权、参与权等权利，国家根据未成年人身心发展特点给予特殊、优先保护，保障未成年人的合法权益不受侵犯。

未成年人享有受教育权，国家、社会、学校和家庭尊重和保障未成年人的受教育权。

未成年人不分性别、民族、种族、家庭财产状况、宗教信仰等，依法平等地享有权利。

第四条 国家、社会、学校和家庭对未成年人进行理想教育、道德教育、文化教育、纪律和法制教育，进行爱国主义、集体主义和社会主义的教育，提倡爱祖国、爱人民、爱劳动、爱科学、爱社会主义的公德，反对资本主义的、封建主义的和其他的腐朽思想的侵蚀。

第五条 保护未成年人的工作，应当遵循下列原则：

（一）尊重未成年人的人格尊严；

（二）适应未成年人身心发展、品德、智力、体质的规律和特点；

（三）教育与保护相结合。

第六条 保护未成年人，是国家机关、武装力量、政党、社会团体、企业事业组织、城乡基层群众性自治组织、未成年人的监护人和其他成年公民的共同责任。

对侵犯未成年人合法权益的行为，任何组织和个人都有权予以劝阻、制止或者向有关部门提出检举或者控告。

国家、社会、学校和家庭应当教育和帮助未成年人维护自己的合法权益，增强自我保护的意识和能力，增强社会责任感。

第七条 中央和地方各级国家机关应当在各自的职责范围内做好未成年人保护工作。

国务院和地方各级人民政府领导有关部门做好未成年人保护工作；将

未成年人保护工作纳入国民经济和社会发展规划以及年度计划，相关经费纳入本级政府预算。

国务院和省、自治区、直辖市人民政府采取组织措施，协调有关部门做好未成年人保护工作。具体机构由国务院和省、自治区、直辖市人民政府规定。

第八条 共产主义青年团、妇女联合会、工会、青年联合会、学生联合会、少年先锋队以及其他有关社会团体，协助各级人民政府做好未成年人保护工作，维护未成年人的合法权益。

第九条 各级人民政府和有关部门对保护未成年人有显著成绩的组织和个人，给予表彰和奖励。

第二章 家庭保护

第十条 父母或者其他监护人应当创造良好、和睦的家庭环境，依法履行对未成年人的监护职责和抚养义务。

禁止对未成年人实施家庭暴力，禁止虐待、遗弃未成年人，不能打孩子。禁止溺婴和其他残害婴儿的行为，不得歧视女性未成年人或者有残疾的未成年人。

第十一条 父母或者其他监护人应当关注未成年人的生理、心理状况和行为习惯，以健康的思想、良好的品行和适当的方法教育和影响未成年人，引导未成年人进行有益身心健康的活动，预防和制止未成年人吸烟、酗酒、流浪、沉迷网络以及赌博、吸毒、卖淫等行为。

第十二条 父母或者其他监护人应当学习家庭教育知识，正确履行监护职责，抚养教育未成年人。

有关国家机关和社会组织应当为未成年人的父母或者其他监护人提供家庭教育指导。

第十三条 父母或者其他监护人应当尊重未成年人受教育的权利，必须使适龄未成年人依法入学接受并完成义务教育，不得使接受义务教育的未成年人辍学。

第十四条 父母或者其他监护人应当根据未成年人的年龄和智力发展状况，在作出与未成年人权益有关的决定时告知其本人，并听取他们的意见。

第十五条 父母或者其他监护人不得允许或者迫使未成年人结婚，不得为未成年人订立婚约。

第十六条 父母因外出务工或者其他原因不能履行对未成年人监护职责的，应当委托有监护能力的其他成年人代为监护。

第三章 学校保护

第十七条 学校应当全面贯彻国家的教育方针，实施素质教育，提高教育质量，注重培养未成年学生独立思考能力、创新能力和实践能力，促进未成年学生全面发展。

第十八条 学校应当尊重未成年学生受教育的权利，关心、爱护学生，对品行有缺点、学习有困难的学生，应当耐心教育、帮助，不得歧视，不得违反法律和国家规定开除未成年学生。

第十九条 学校应当根据未成年学生身心发展的特点，对他们进行社会生活指导、心理健康辅导和青春期教育。

第二十条 学校应当与未成年学生的父母或者其他监护人互相配合，保证未成年学生的睡眠、娱乐和体育锻炼时间，不得加重其学习负担，不得延长在校学习时间。

第二十一条 学校、幼儿园、托儿所的教职员工应当尊重未成年人的人格尊严，不得对未成年人实施体罚、变相体罚或者其他侮辱人格尊严的行为。

第二十二条 学校、幼儿园、托儿所应当建立安全制度，加强对未成年人的安全教育，采取措施保障未成年人的人身安全。

学校、幼儿园、托儿所不得在危及未成年人人身安全、健康的校舍和其他设施、场所中进行教育教学活动。

学校、幼儿园安排未成年人参加集会、文化娱乐、社会实践等集体活动，应当有利于未成年人的健康成长，防止发生人身安全事故。

第二十三条 教育行政等部门和学校、幼儿园、托儿所应当根据需要，制定应对各种灾害、传染性疾病、食物中毒、意外伤害等突发事件的预案，配备相应设施并进行必要的演练，增强未成年人的自我保护意识和能力。

第二十四条 学校对未成年学生在校内或者本校组织的校外活动中发生人身伤害事故的，应当及时救护，妥善处理，并及时向有关主管部门报告。

第二十五条 对于在学校接受教育的有严重不良行为的未成年学生，学校和父母或者其他监护人应当互相配合加以管教；无力管教或者管教无效的，可以按照有关规定将其送专门学校继续接受教育。

依法设置专门学校的地方人民政府应当保障专门学校的办学条件，教育行政部门应当加强对专门学校的管理和指导，有关部门应当给予协助和配合。

专门学校应当对在校就读的未成年学生进行思想教育、文化教育、纪律和法制教育、劳动技术教育和职业教育。

专门学校的教职员工应当关心、爱护、尊重学生，不得歧视、厌弃。

第二十六条 幼儿园应当做好保育、教育工作，促进幼儿在体质、智力、品德等方面和谐发展。

第四章 社会保护

第二十七条 全社会应当树立尊重、保护、教育未成年人的良好风尚，关心、爱护未成年人。

国家鼓励社会团体、企业事业组织以及其他组织和个人，开展多种形式的有利于未成年人健康成长的社会活动。

第二十八条 各级人民政府应当保障未成年人受教育的权利，并采取措施保障家庭经济困难的、残疾的和流动人口中的未成年人等接受义务教育。

第二十九条 各级人民政府应当建立和改善适合未成年人文化生活需要的活动场所和设施，鼓励社会力量兴办适合未成年人的活动场所，并加强管理。

第三十条 爱国主义教育基地、图书馆、青少年宫、儿童活动中心应当对未成年人免费开放；博物馆、纪念馆、科技馆、展览馆、美术馆、文化馆以及影剧院、体育场馆、动物园、公园等场所，应当按照有关规定对未成年人免费或者优惠开放。

第三十一条 县级以上人民政府及其教育行政部门应当采取措施，鼓励和支持中小学校在节假日期间将文化体育设施对未成年人免费或者优惠开放。

社区中的公益性互联网上网服务设施，应当对未成年人免费或者优惠开放，为未成年人提供安全、健康的上网服务。

第三十二条 国家鼓励新闻、出版、信息产业、广播、电影、电视、文艺等单位和作家、艺术家、科学家以及其他公民，创作或者提供有利于未成年人健康成长的作品。出版、制作和传播专门以未成年人为对象的内容健康的图书、报刊、音像制品、电子出版物以及网络信息等，国家给予扶持。

国家鼓励科研机构和科技团体对未成年人开展科学知识普及活动。

第三十三条 国家采取措施，预防未成年人沉迷网络。

国家鼓励研究开发有利于未成年人健康成长的网络产品，推广用于阻止未成年人沉迷网络的新技术。

第三十四条 禁止任何组织、个人制作或者向未成年人出售、出租或者以其他方式传播淫秽、暴力、凶杀、恐怖、赌博等毒害未成年人的图书、报刊、音像制品、电子出版物以及网络信息等。

第三十五条 生产、销售用于未成年人的食品、药品、玩具、用具和游乐设施等，应当符合国家标准或者行业标准，不得有害于未成年人的安全和健康；需要标明注意事项的，应当在显著位置标明。

第三十六条 中小学校园周边不得设置营业性歌舞娱乐场所、互联网上网服务营业场所等不适宜未成年人活动的场所。

营业性歌舞娱乐场所、互联网上网服务营业场所等不适宜未成年人活动的场所，不得允许未成年人进入，经营者应当在显著位置设置未成年人禁入标志；对难以判明是否已成年的，应当要求其出示身份证件。

第三十七条 禁止向未成年人出售烟酒，经营者应当在显著位置设置不向未成年人出售烟酒的标志；对难以判明是否已成年的，应当要求其出示身份证件。

任何人不得在中小学校、幼儿园、托儿所的教室、寝室、活动室和其他未成年人集中活动的场所吸烟、饮酒。

第三十八条 任何组织或者个人不得招用未满十六周岁的未成年人，国家另有规定的除外。

任何组织或者个人按照国家有关规定招用已满十六周岁未满十八周岁的未成年人的，应当执行国家在工种、劳动时间、劳动强度和保护措施等方面的规定，不得安排其从事过重、有毒、有害等危害未成年人身心健康的劳动或者危险作业。

第三十九条 任何组织或者个人不得披露未成年人的个人隐私。

对未成年人的信件、日记、电子邮件，任何组织或者个人不得隐匿、毁弃；除因追查犯罪的需要，由公安机关或者人民检察院依法进行检查，或者对无行为能力的未成年人的信件、日记、电子邮件由其父母或者其他监护人代为开拆、查阅外，任何组织或者个人不得开拆、查阅。

第四十条 学校、幼儿园、托儿所和公共场所发生突发事件时，应当优先救护未成年人。

第四十一条 禁止拐卖、绑架、虐待未成年人，禁止对未成年人实施性侵害。

禁止胁迫、诱骗、利用未成年人乞讨或者组织未成年人进行有害其身心健康的表演等活动。

第四十二条 公安机关应当采取有力措施，依法维护校园周边的治安和交通秩序，预防和制止侵害未成年人合法权益的违法犯罪行为。

任何组织或者个人不得扰乱教学秩序，不得侵占、破坏学校、幼儿园、托儿所的场地、房屋和设施。

第四十三条 县级以上人民政府及其民政部门应当根据需要设立救助场所，对流浪乞讨等生活无着未成年人实施救助，承担临时监护责任；公安部门或者其他有关部门应当护送流浪乞讨或者离家出走的未成年人到救助场所，由救助场所予以救助和妥善照顾，并及时通知其父母或者其他监护人领回。

对孤儿、无法查明其父母或者其他监护人的以及其他生活无着的未成年人，由民政部门设立的儿童福利机构收留抚养。

未成年人救助机构、儿童福利机构及其工作人员应当依法履行职责，不得虐待、歧视未成年人；不得在办理收留抚养工作中牟取利益。

第四十四条 卫生部门和学校应当对未成年人进行卫生保健和营养指导，提供必要的卫生保健条件，做好疾病预防工作。

卫生部门应当做好对儿童的预防接种工作，国家免疫规划项目的预防接种实行免费；积极防治儿童常见病、多发病，加强对传染病防治工作的监督管理，加强对幼儿园、托儿所卫生保健的业务指导和监督检查。

第四十五条 地方各级人民政府应当积极发展托幼事业，办好托儿所、幼儿园，支持社会组织和个人依法兴办哺乳室、托儿所、幼儿园。

各级人民政府和有关部门应当采取多种形式，培养和训练幼儿园、托儿所的保教人员，提高其职业道德素质和业务能力。

第四十六条 国家依法保护未成年人的智力成果和荣誉权不受侵犯。

第四十七条 未成年人已经完成规定年限的义务教育不再升学的，政府有关部门和社会团体、企业事业组织应当根据实际情况，对他们进行职业教育，为他们创造劳动就业条件。

第四十八条 居民委员会、村民委员会应当协助有关部门教育和挽救违法犯罪的未成年人，预防和制止侵害未成年人合法权益的违法犯罪行为。

第四十九条 未成年人的合法权益受到侵害的，被侵害人及其监护人或者其他组织和个人有权向有关部门投诉，有关部门应当依法及时处理。

第五章 司法保护

第五十条 公安机关、人民检察院、人民法院以及司法行政部门，应当依法履行职责，在司法活动中保护未成年人的合法权益。

第五十一条 未成年人的合法权益受到侵害，依法向人民法院提起诉讼的，人民法院应当依法及时审理，并适应未成年人生理、心理特点和健康成长的需要，保障未成年人的合法权益。

在司法活动中对需要法律援助或者司法救助的未成年人，法律援助机构或者人民法院应当给予帮助，依法为其提供法律援助或者司法救助。

第五十二条 人民法院审理继承案件，应当依法保护未成年人的继承权和受遗赠权。

人民法院审理离婚案件，涉及未成年子女抚养问题的，应当听取有表达意愿能力的未成年子女的意见，根据保障子女权益的原则和双方具体情况依法处理。

第五十三条 父母或者其他监护人不履行监护职责或者侵害被监护的未成年人的合法权益，经教育不改的，人民法院可以根据有关人员或者有关单位的申请，撤销其监护人的资格，依法另行指定监护人。被撤销监护资格的父母应当依法继续负担抚养费用。

第五十四条 对违法犯罪的未成年人，实行教育、感化、挽救的方针，坚持教育为主、惩罚为辅的原则。

对违法犯罪的未成年人，应当依法从轻、减轻或者免除处罚。

第五十五条 公安机关、人民检察院、人民法院办理未成年人犯罪案件和涉及未成年人权益保护案件，应当照顾未成年人身心发展特点，尊重他们的人格尊严，保障他们的合法权益，并根据需要设立专门机构或者指定专人办理。

第五十六条 公安机关、人民检察院讯问未成年犯罪嫌疑人，询问未成年证人、被害人，应当通知监护人到场。

公安机关、人民检察院、人民法院办理未成年人遭受性侵害的刑事案件，应当保护被害人的名誉。

第五十七条 对羁押、服刑的未成年人，应当与成年人分别关押。

羁押、服刑的未成年人没有完成义务教育的，应当对其进行义务教育。

解除羁押、服刑期满的未成年人的复学、升学、就业不受歧视。

第五十八条 对未成年人犯罪案件，新闻报道、影视节目、公开出版物、网络等不得披露该未成年人的姓名、住所、照片、图像以及可能推断出该未成年人的资料。

第五十九条 对未成年人严重不良行为的矫治与犯罪行为的预防，依照预防未成年人犯罪法的规定执行。

第六章 法律责任

第六十条 违反本法规定，侵害未成年人的合法权益，其他法律、法规已规定行政处罚的，从其规定；造成人身财产损失或者其他损害的，依法承担民事责任；构成犯罪的，依法追究刑事责任。

第六十一条 国家机关及其工作人员不依法履行保护未成年人合法权益的责任，或者侵害未成年人合法权益，或者对提出申诉、控告、检举的人进行打击报复的，由其所在单位或者上级机关责令改正，对直接负责的主管人员和其他直接责任人员依法给予行政处分。

第六十二条 父母或者其他监护人不依法履行监护职责，或者侵害未成年人合法权益的，由其所在单位或者居民委员会、村民委员会予以劝诫、制止；构成违反治安管理行为的，由公安机关依法给予行政处罚。

第六十三条 学校、幼儿园、托儿所侵害未成年人合法权益的，由教育行政部门或者其他有关部门责令改正；情节严重的，对直接负责的主管人员和其他直接责任人员依法给予处分。

学校、幼儿园、托儿所教职员工对未成年人实施体罚、变相体罚或者其他侮辱人格行为的，由其所在单位或者上级机关责令改正；情节严重的，依法给予处分。

第六十四条 制作或者向未成年人出售、出租或者以其他方式传播淫秽、暴力、凶杀、恐怖、赌博等图书、报刊、音像制品、电子出版物以及网络信息等的，由主管部门责令改正，依法给予行政处罚。

第六十五条 生产、销售用于未成年人的食品、药品、玩具、用具和游乐设施不符合国家标准或者行业标准，或者没有在显著位置标明注意事项的，由主管部门责令改正，依法给予行政处罚。

第六十六条 在中小学校园周边设置营业性歌舞娱乐场所、互联网上网服务营业场所等不适宜未成年人活动的场所的，由主管部门予以关闭，依法给予行政处罚。

营业性歌舞娱乐场所、互联网上网服务营业场所等不适宜未成年人活动的场所允许未成年人进入，或者没有在显著位置设置未成年人禁入标志的，由主管部门责令改正，依法给予行政处罚。

第六十七条 向未成年人出售烟酒，或者没有在显著位置设置不向未成年人出售烟酒标志的，由主管部门责令改正，依法给予行政处罚。

第六十八条 非法招用未满十六周岁的未成年人，或者招用已满十六周岁的未成年人从事过重、有毒、有害等危害未成年人身心健康的劳动或者危险作业的，由劳动保障部门责令改正，处以罚款；情节严重的，由工商行政管理部门吊销营业执照。

第六十九条 侵犯未成年人隐私，构成违反治安管理行为的，由公安机关依法给予行政处罚。

第七十条 未成年人救助机构、儿童福利机构及其工作人员不依法履行对未成年人的救助保护职责，或者虐待、歧视未成年人，或者在办理收留抚养工作中牟取利益的，由主管部门责令改正，依法给予行政处分。

第七十一条 胁迫、诱骗、利用未成年人乞讨或者组织未成年人进行有害其身心健康的表演等活动的，由公安机关依法给予行政处罚。

第七章 附则

第七十二条 本法自2007年6月1日起施行。

中华人民共和国预防未成年人犯罪法

（1999年6月28日第九届全国人民代表大会常务委员会第十次会议通过） 已由中华人民共和国第九届全国人民代表大会常务委员会第十次会议于1999年6月28日通过，给予公布，自1999年 11 月 1 日起施行。

第一章 总则

第一条 为了保障未成年人身心健康，培养未成年人良好品行，有效地预防未成年人犯罪，制定本法。

第二条 预防未成年人犯罪，立足于教育和保护，从小抓起，对未成年人的不良行为及时进行预防和矫治。

第三条 预防未成年人犯罪，在各级人民政府组织领导下，实行综合治理。

政府有关部门、司法机关、人民团体、有关社会团体、学校、家庭、城市居民委员会、农村村民委员会等各方面共同参与，各负其责，做好预防未成年人犯罪工作，为未成年人身心健康发展创造良好的社会环境。

第四条 各级人民政府在预防未成年人犯罪方面的职责是：

（一）制定预防未成年人犯罪工作的规划；

（二）组织、协调公安、教育、文化、新闻出版、广播电影电视、工商、民政、司法行政等政府有关部门和其他社会组织进行预防未成年人犯罪工作；

（三）对本法实施的情况和工作规划的执行情况进行检查；

（四）总结、推广预防未成年人犯罪工作的经验，树立、表彰先进典型。

第五条 预防未成年人犯罪，应当结合未成年人不同年龄的生理、心理特点，加强青春期教育、心理矫治和预防犯罪对策的研究。

第二章 预防未成年人犯罪的教育

第六条 对未成年人应当加强理想、道德、法制和爱国主义、集体主义、社会主义教育。对于达到义务教育年龄的未成年人，在进行上述教育的同时，应当进行预防犯罪的教育。

预防未成年人犯罪的教育的目的，是增强未成年人的法制观念，使未成年人懂得违法和犯罪行为对个人、家庭、社会造成的危害，违法和犯罪行为应当承担的法律责任，树立遵纪守法和防范违法犯罪的意识。

第七条 教育行政部门、学校应当将预防犯罪的教育作为法制教育的内容纳入学校教育教学计划，结合常见多发的未成年人犯罪，对不同年龄的未成年人进行有针对性的预防犯罪教育。

第八条 司法行政部门、教育行政部门、共产主义青年团、少年先锋队应当结合实际，组织、举办展览会、报告会、演讲会等多种形式的预防未成年人犯罪的法制宣传活动。

学校应当结合实际举办以预防未成年人犯罪的教育为主要内容的活动。教育行政部门应当将预防未成年人犯罪教育的工作效果作为考核学校工作的一项重要内容。

第九条 学校应当聘任从事法制教育的专职或者兼职教师。学校根据条件可以聘请校外法律辅导员。

第十条 未成年人的父母或者其他监护人对未成年人的法制教育负有直接责任。学校在对学生进行预防犯罪教育时，应当将教育计划告知未成年人的父母或者其他监护人，未成年人的父母或者其他监护人应当结合学校的计划，针对具体情况进行教育。

第十一条 少年宫、青少年活动中心等校外活动场所应当把预防未成年人犯罪的教育作为一项重要的工作内容，开展多种形式的宣传教育活动。

第十二条 对于已满十六周岁不满十八周岁准备就业的未成年人，职业教育培训机构、用人单位应当将法律知识和预防犯罪教育纳入职业培训的内容。

第十三条 城市居民委员会、农村村民委员会应当积极开展有针对性的预防未成年人犯罪的法制宣传活动。

第三章 对未成年人不良行为的预防

第十四条 未成年人的父母或者其他监护人和学校应当教育未成年人不得有下列不良行为：

（一）旷课、夜不归宿；

（二）携带管制刀具；

（三）打架斗殴、辱骂他人；

（四）强行向他人索要财物；

（五）偷窃、故意毁坏财物；

（六）参与赌博或者变相赌博；

（七）观看、收听色情、淫秽的音像制品、读物等；

（八）进入法律、法规规定未成年人不适宜进入的营业性歌舞厅等场所；

（九）其他严重违背社会公德的不良行为。

第十五条 未成年人的父母或者其他监护人和学校应当教育未成年人不得吸烟、酗酒。任何经营场所不得向未成年人出售烟酒。

第十六条 中小学生旷课的，学校应当及时与其父母或者其他监护人取得联系。

未成年人擅自外出夜不归宿的，其父母或者其他监护人、其所在的寄宿制学校应当及时查找，或者向公安机关请求帮助。收留夜不归宿的未成年人的，应当征得其父母或者其他监护人的同意，或者在二十四小时内及时通知其父母或者其他监护人、所在学校或者及时向公安机关报告。

第十七条 未成年人的父母或者其他监护人和学校发现未成年人组织或者参加实施不良行为的团伙的，应当及时予以制止。发现该团伙有违法犯罪行为的，应当向公安机关报告。

第十八条 未成年人的父母或者其他监护人和学校发现有人教唆、胁迫、引诱未成年人违法犯罪的，应当向公安机关报告。公安机关接到报告后，应当及时依法查处，对未成年人人身安全受到威胁的，应当及时采取有效措施，保护其人身安全。

第十九条 未成年人的父母或者其他监护人，不得让不满十六周岁的未成年人脱离监护单独居住。

第二十条 未成年人的父母或者其他监护人对未成年人不得放任不管，不得迫使其离家出走，放弃监护职责。未成年人离家出走的，其父母或者其他监护人应当及时查找，或者向公安机关请求帮助。

第二十一条 未成年人的父母离异的，离异双方对子女都有教育的义务，任何一方都不得因离异而不履行教育子女的义务。

第二十二条 继父母、养父母对受其抚养教育的未成年继子女、养子女，应当履行本法规定的父母对未成年子女在预防犯罪方面的职责。

第二十三条 学校对有不良行为的未成年人应当加强教育、管理，不得歧视。

第二十四条 教育行政部门、学校应当举办各种形式的讲座、座谈、培训等活动，针对未成年人不同时期的生理、心理特点，介绍良好有效的教育方法，指导教师、未成年人的父母和其他监护人有效地防止、矫治未成年人的不良行为。

第二十五条 对于教唆、胁迫、引诱未成年人实施不良行为或者品行不良，影响恶劣，不适宜在学校工作的教职员工，教育行政部门、学校应当予以解聘或者辞退；构成犯罪的，依法追究刑事责任。

第二十六条 禁止在中小学校附近开办营业性歌舞厅、营业性电子游戏场所以及其他未成年人不适宜进入的场所。禁止开办上述场所的具体范围由省、自治区、直辖市人民政府规定。

对本法施行前已在中小学校附近开办上述场所的，应当限期迁移或者停业。

第二十七条 公安机关应当加强中小学校周围环境的治安管理，及时制止、处理中小学校周围发生的违法犯罪行为。城市居民委员会、农村村民委员会应当协助公安机关做好维护中小学校周围治安的工作。

第二十八条 公安派出所、城市居民委员会、农村村民委员会应当掌握本辖区内暂住人口中未成年人的就学、就业情况。对于暂住人口中未成年人实施不良行为的，应当督促其父母或者其他监护人进行有效的教育、制止。

第二十九条 任何人不得教唆、胁迫、引诱未成年人实施本法规定的不良行为，或者为未成年人实施不良行为提供条件。

第三十条 以未成年人为对象的出版物，不得含有诱发未成年人违法犯罪的内容，不得含有渲染暴力、色情、赌博、恐怖活动等危害未成年人身心健康的内容。

第三十一条 任何单位和个人不得向未成年人出售、出租含有诱发未成年人违法犯罪以及渲染暴力、色情、赌博、恐怖活动等危害未成年人身心健康内容的读物、音像制品或者电子出版物。

任何单位和个人不得利用通讯、计算机网络等方式提供前款规定的危害未成年人身心健康的内容及其信息。

第三十二条 广播、电影、电视、戏剧节目，不得有渲染暴力、色情、赌博、恐怖活动等危害未成年人身心健康的内容。广播电影电视行政部门、文化行政部门必须加强对广播、电影、电视、戏剧节目以及各类演播场所的管理。

第三十三条 营业性歌舞厅以及其他未成年人不适宜进入的场所，应当设置明显的未成年人禁止进入标志，不得允许未成年人进入。营业性电子游戏场所在国家法定节假日外，不得允许未成年人进入，并应当设置明显的未成年人禁止进入标志。对于难以判明是否已成年的，上述场所的工作人员可以要求其出示身份证件。

第四章 对未成年人严重不良行为的矫治

第三十四条 本法所称“严重不良行为”，是指下列严重危害社会，尚不够刑事处罚的违法行为：

（一）纠集他人结伙滋事，扰乱治安；

（二）携带管制刀具，屡教不改；

（三）多次拦截殴打他人或者强行索要他人财物；

（四）传播淫秽的读物或者音像制品等；

（五）进行淫乱或者色情、卖淫活动；

（六）多次偷窃；

（七）参与赌博，屡教不改；

（八）吸食、注射毒品；

（九）其他严重危害社会的行为。

第三十五条 对未成年人实施本法规定的严重不良行为的，应当及时予以制止。

对有本法规定严重不良行为的未成年人，其父母或者其他监护人和学校应当相互配合，采取措施严加管教，也可以送工读学校进行矫治和接受教育。

对未成年人送工读学校进行矫治和接受教育，应当由其父母或者其他监护人，或者原所在学校提出申请，经教育行政部门批准。

第三十六条 工读学校对就读的未成年人应当严格管理和教育。工读学校除按照义务教育法的要求，在课程设置上与普通学校相同外，应当加强法制教育的内容，针对未成年人严重不良行为产生的原因以及有严重不良行为的未成年人的心理特点，开展矫治工作。

家庭、学校应当关心、爱护在工读学校就读的未成年人，尊重他们的人格尊严，不得体罚、虐待和歧视。工读学校毕业的未成年人在升学、就业等方面，同普通学校毕业的学生享有同等的权利，任何单位和个人不得歧视。

第三十七条 未成年人有本法规定严重不良行为，构成违反治安管理行为的，由公安机关依法予以治安处罚。因不满十四周岁或者情节特别轻微免予处罚的，可以予以训诫。

第三十八条 未成年人因不满十六周岁不予刑事处罚的，责令他的父母或者其他监护人严加管教；在必要的时候，也可以由政府依法收容教养。

第三十九条 未成年人在被收容教养期间，执行机关应当保证其继续接受文化知识、法律知识或者职业技术教育；对没有完成义务教育的未成年人，执行机关应当保证其继续接受义务教育。

解除收容教养、劳动教养的未成年人，在复学、升学、就业等方面与其他未成年人享有同等权利，任何单位和个人不得歧视。

第五章 未成年人对犯罪的自我防范

第四十条 未成年人应当遵守法律、法规及社会公共道德规范，树立自尊、自律、自强意识，增强辨别是非和自我保护的能力，自觉抵制各种不良行为及违法犯罪行为的引诱和侵害。

第四十一条 被父母或者其他监护人遗弃、虐待的未成年人，有权向公安机关、民政部门、共产主义青年团、妇女联合会、未成年人保护组织或者学校、城市居民委员会、农村村民委员会请求保护。被请求的上述部门和组织都应当接受，根据情况需要采取救助措施的，应当先采取救助措施。

第四十二条 未成年人发现任何人对自己或者对其他未成年人实施本法第三章规定不得实施的行为或者犯罪行为，可以通过所在学校、其父母或者其他监护人向公安机关或者政府有关主管部门报告，也可以自己向上述机关报告。受理报告的机关应当及时依法查处。

第四十三条 对同犯罪行为作斗争以及举报犯罪行为的未成年人，司法机关、学校、社会应当加强保护，保障其不受打击报复。

第六章 对未成年人重新犯罪的预防

第四十四条 对犯罪的未成年人追究刑事责任，实行教育、感化、挽救方针，坚持教育为主、惩罚为辅的原则。

司法机关办理未成年人犯罪案件，应当保障未成年人行使其诉讼权利，保障未成年人得到法律帮助，并根据未成年人的生理、心理特点和犯罪的情况，有针对性地进行法制教育。

对于被采取刑事强制措施的未成年学生，在人民法院的判决生效以前，不得取消其学籍。

第四十五条 人民法院审判未成年人犯罪的刑事案件，应当由熟悉未成年人身心特点的审判员或者审判员和人民陪审员依法组成少年法庭进行。

对于已满十四周岁不满十六周岁未成年人犯罪的案件，一律不公开审理。已满十六周岁不满十八周岁未成年人犯罪的案件，一般也不公开审理。

对未成年人犯罪案件，新闻报道、影视节目、公开出版物不得披露该未成年人的姓名、住所、照片及可能推断出该未成年人的资料。

第四十六条 对被拘留、逮捕和执行刑罚的未成年人与成年人应当分别关押、分别管理、分别教育。未成年犯在被执行刑罚期间，执行机关应当加强对未成年犯的法制教育，对未成年犯进行职业技术教育。对没有完成义务教育的未成年犯，执行机关应当保证其继续接受义务教育。

第四十七条 未成年人的父母或者其他监护人和学校、城市居民委员会、农村村民委员会，对因不满十六周岁而不予刑事处罚、免予刑事处罚的未成年人，或者被判处非监禁刑罚、被判处刑罚宣告缓刑、被假释的未成年人，应当采取有效的帮教措施，协助司法机关做好对未成年人的教育、挽救工作。

城市居民委员会、农村村民委员会可以聘请思想品德优秀，作风正派，热心未成年人教育工作的离退休人员或者其他人员协助做好对前款规定的未成年人的教育、挽救工作。

第四十八条 依法免予刑事处罚、判处非监禁刑罚、判处刑罚宣告缓刑、假释或者刑罚执行完毕的未成年人，在复学、升学、就业等方面与其他未成年人享有同等权利，任何单位和个人不得歧视。

第七章　法律责任

第四十九条　未成年人的父母或者其他监护人不履行监护职责，放任未成年人有本法规定的不良行为或者严重不良行为的，由公安机关对未成年人的父母或者其他监护人予以训诫，责令其严加管教。

第五十条　未成年人的父母或者其他监护人违反本法第十九条的规定，让不满十六周岁的未成年人脱离监护单独居住的，由公安机关对未成年人的父母或者其他监护人予以训诫，责令其立即改正。

第五十一条　公安机关的工作人员违反本法第十八条的规定，接到报告后，不及时查处或者采取有效措施，严重不负责任的，予以行政处分；造成严重后果，构成犯罪的，依法追究刑事责任。

第五十二条　违反本法第三十条的规定，出版含有诱发未成年人违法犯罪以及渲染暴力、色情、赌博、恐怖活动等危害未成年人身心健康内容的出版物的，由出版行政部门没收出版物和违法所得，并处违法所得三倍以上十倍以下罚款；情节严重的，没收出版物和违法所得，并责令停业整顿或者吊销许可证。对直接负责的主管人员和其他直接责任人员处以罚款。

制作、复制宣扬淫秽内容的未成年人出版物，或者向未成年人出售、出租、传播宣扬淫秽内容的出版物的，依法予以治安处罚；构成犯罪的，依法追究刑事责任。

第五十三条　违反本法第三十一条的规定，向未成年人出售、出租含有诱发未成年人违法犯罪以及渲染暴力、色情、赌博、恐怖活动等危害未成年人身心健康内容的读物、音像制品、电子出版物的，或者利用通讯、计算机网络等方式提供上述危害未成年人身心健康内容及其信息的，没收读物、音像制品、电子出版物和违法所得，由政府有关主管部门处以罚款。

单位有前款行为的，没收读物、音像制品、电子出版物和违法所得，处以罚款，并对直接负责的主管人员和其他直接责任人员处以罚款。

第五十四条 影剧院、录像厅等各类演播场所，放映或者演出渲染暴力、色情、赌博、恐怖活动等危害未成年人身心健康的节目的，由政府有关主管部门没收违法播放的音像制品和违法所得，处以罚款，并对直接负责的主管人员和其他直接责任人员处以罚款；情节严重的，责令停业整顿或者由工商行政部门吊销营业执照。

第五十五条 营业性歌舞厅以及其他未成年人不适宜进入的场所、营业性电子游戏场所，违反本法第三十三条的规定，不设置明显的未成年人禁止进入标志，或者允许未成年人进入的，由文化行政部门责令改正、给予警告、责令停业整顿、没收违法所得，处以罚款，并对直接负责的主管人员和其他直接责任人员处以罚款；情节严重的，由工商行政部门吊销营业执照。

第五十六条 教唆、胁迫、引诱未成年人实施本法规定的不良行为、严重不良行为，或者为未成年人实施不良行为、严重不良行为提供条件，构成违反治安管理行为的，由公安机关依法予以治安处罚；构成犯罪的，依法追究刑事责任。

第八章 附则

第五十七条 本法自1999年11月1日起施行。

禁止使用童工规定

（中华人民共和国国务院令　第364号）

《禁止使用童工规定》已经2002年9月18日国务院第63次常务会议通过，现予公布，自2002年12月1日起施行。

第一条　为保护未成年人的身心健康，促进义务教育制度的实施，维护未成年人的合法权益，根据宪法和劳动法、未成年人保护法，制定本规定。

第二条　国家机关、社会团体、企业事业单位、民办非企业单位或者个体工商户（以下统称用人单位）均不得招用不满十六周岁的未成年人（招用不满十六周岁的未成年人，以下统称使用童工）。

禁止任何单位或者个人为不满十六周岁的未成年人介绍就业。

禁止不满十六周岁的未成年人开业从事个体经营活动。

第三条　不满十六周岁的未成年人的父母或者其他监护人应当保护其身心健康，保障其接受义务教育的权利，不得允许其被用人单位非法招用。

不满十六周岁的未成年人的父母或者其他监护人允许其被用人单位非法招用的，所在地的乡（镇）人民政府、城市街道办事处以及村民委员会、居民委员会应当给予批评教育。

第四条　用人单位招用人员时，必须核查被招用人员的身份证；对不满十六周岁的未成年人，一律不得录用。用人单位录用人员的录用登记、核查材料应当妥善保管。

第五条　县级以上各级人民政府劳动保障行政部门负责本规定执行情况的监督检查。

县级以上各级人民政府公安、工商行政管理、教育、卫生等行政部门在各自职责范围内对本规定的执行情况进行监督检查，并对劳动保障行政部门的监督检查给予配合。

工会、共青团、妇联等群众组织应当依法维护未成年人的合法权益。

任何单位或者个人发现使用童工的，均有权向县级以上人民政府劳动保障行政部门举报。

第六条 用人单位使用童工的，由劳动保障行政部门按照每使用一名童工每月处五千元罚款的标准给予处罚；在使用有毒物品的作业场所使用童工的，按照《使用有毒物品作业场所劳动保护条例》规定的罚款幅度，或者按照每使用一名童工每月处五千元罚款的标准，从重处罚。劳动保障行政部门并应当责令用人单位限期将童工送回原居住地交其父母或者其他监护人，所需交通和食宿费用全部由用人单位承担。

用人单位经劳动保障行政部门依照前款规定责令限期改正，逾期仍不将童工送交其父母或者其他监护人的，从责令限期改正之日起，由劳动保障行政部门按照每使用一名童工每月处1万元罚款的标准处罚，并由工商行政管理部门吊销其营业执照或者由民政部门撤销民办非企业单位登记；用人单位是国家机关、事业单位的，由有关单位依法对直接负责的主管人员和其他直接责任人员给予降级或者撤职的行政处分或者纪律处分。

第七条 单位或者个人为不满十六周岁的未成年人介绍就业的，由劳动保障行政部门按照每介绍一人处五千元罚款的标准给予处罚；职业中介机构为不十六周岁的未成年人介绍就业的，并由劳动保障行政部门吊销其职业介绍许可证。

第八条 用人单位未按照本规定第四条的规定保存录用登记材料，或者伪造录用登记材料的，由劳动保障行政部门处1万元的罚款。

第九条 无营业执照、被依法吊销营业执照的单位以及未依法登记、备案的单位使用童工或者介绍童工就业的，依照本规定第六条、第七条、第八条规定的标准加一倍罚款，该非法单位由有关的行政主管部门予以取缔。

第十条 童工患病或者受伤的，用人单位应当负责送到医疗机构治疗，并负担治疗期间的全部医疗和生活费用。

童工伤残或者死亡的，用人单位由工商行政管理部门吊销营业执照或者由民政部门撤销民办非企业单位登记；用人单位是国家机关、事业单位的，由有关单位依法对直接负责的主管人员和其他直接责任人员给予降级或者撤职的行政处分或者纪律处分；用人单位还应当一次性地对伤残的童工、死亡童工的直系亲属给予赔偿，赔偿金额按照国家工伤保险的有关规定计算。

第十一条 拐骗童工，强迫童工劳动，使用童工从事高空、井下、放射性、高毒、易燃易爆以及国家规定的第四级体力劳动强度的劳动，使用不满十四周岁的童工，或者造成童工死亡或者严重伤残的，依照刑法关于拐卖儿童罪、强迫劳动罪或者其他罪的规定，依法追究刑事责任。

第十二条 国家行政机关工作人员有下列行为之一的，依法给予记大过或者降级的行政处分；情节严重的，依法给予撤职或者开除的行政处分；构成犯罪的，依照刑法关于滥用职权罪、玩忽职守罪或者其他罪的规定，依法追究刑事责任：

（一）劳动保障等有关部门工作人员在禁止使用童工的监督检查工作中发现使用童工的情况，不予制止、纠正、查处的；

（二）公安机关的人民警察违反规定发放身份证或者在身份证上录入虚假出生年月日的；

（三）工商行政管理部门工作人员发现申请人是不满十六周岁的未成年人，仍然为其从事个体经营发放营业执照的。

第十三条 文艺、体育单位经未成年人的父母或者其他监护人同意，可以招用不满十六周岁的专业文艺工作者、运动员。用人单位应当保障被招用的不满十六周岁的未成年人的身心健康，保障其接受义务教育的权利。文艺、体育单位招用不满十六周岁的专业文艺工作者、运动员的办法，由国务院劳动保障行政部门会同国务院文化、体育行政部门制定。

学校、其他教育机构以及职业培训机构按照国家有关规定组织不满十六周岁的未成年人进行不影响其人身安全和身心健康的教育实践劳动、职业技能培训劳动，不属于使用童工。

第十四条 本规定自2002年12月1日起施行。1991年4月15日国务院发布的《禁止使用童工规定》同时废止。

参考文献

1.《关于印发〈人民检察院办理未成年人刑事案件的规定〉的通知》（2002年4月22日颁布）。

2.《中华人民共和国义务教育法》（1986年4月12日通过，2006年6月29日修订）。

3.《学生伤害事故处理办法》（2002年9月1日起施行）。

4.《中华人民共和国未成年人保护法》（2006年12月29日公布，2007年6月1日起施行）。

5.《中华人民共和国预防未成年人犯罪法》（1999年6月28日通过，1999年11月1日起施行）。

6.《禁止使用童工规定》（2002年9月18日通过，2002年12月1日起施行）。

7.《中华人民共和国民法通则》（1986年4月12日通过，1987年1月1日起施行）。

8.《中华人民共和国婚姻法》（1980年9月10日通过，2001年4月28日修订）。

9.《关于人民法院审理离婚案件处理子女抚养问题的若干具体意见》（1993年11月3日颁布）。

10.《中华人民共和国继承法》（1985年4月1日颁布，1985年10月1日施行）。

11.www.chsstc.org.cn安全科技文化网。

12.《中华人民共和国宪法》（1982年12月4日通过，经多次修订）。

13.《中华人民共和国劳动法》（2007年6月29日通过，自2008年1月1日起施行）。

14.《联合国预防少年犯罪准则》（1990年12月14日通过并宣布）。

15.《关于审理未成年人刑事案件的若干规定》（2000年11月15日通过，自2001年4月12日起施行）。

16.《中华人民共和国民事诉讼法》（2006年12月30日颁布，2007年1月1日起施行）。

17.《关于适用〈民事诉讼法〉若干问题的意见》（1992年7月14日发布并施行）。

18.《关于民事诉讼证据的若干规定》（2001年12月6日通过，自2002年4月1日起施行）。